新知見！
都
鎌倉の
を解く

伊藤一美 著
NPO法人鎌倉考古学研究所理事

戎光祥出版

はしがき

わが家の周りは毎日が鎌倉時代の記憶の場です。すぐ近くには朝夷名義秀《あさひなよしひで》が鮫《さめ》を捕まえてきた「小坂天王社《こさかてんのうしゃ》」屋敷跡、頼朝の想い人「亀前《かめのまえ》」、そして「飯島《いいじま》・和賀江《わかえ》島《じま》」の姿等々。小坪湾を望む自宅からほぼ毎日、路地をぬけ鎌倉へ歩き、谷を見ながら鎌倉時代を想像していた自分がありました。

本書は三部構成となっていますが、戦乱史ではありません。第一部では鎌倉武士を中心とした日常的な話題を選びながら、鎌倉御所女房や執政者の女房などの姿、さらに庶民の話なども意図的に取り上げました。

第二部では、現在の鎌倉に刻まれた土地の記憶などを史料に基づきながら記述しました。その際に発掘で知られた最新情報を出来るだけ取り入れていくようにしています。文献と史料がかなり近づいた話題もあります。また、都市鎌倉のインフラ整備が決して「要塞都市鎌倉」を造るものではないことを強調しています。

第三部では、鎌倉幕府滅亡後の鎌倉を俯瞰《ふかん》してみました。「鎌倉御家人」のゆくえを考え、鎌倉公方《かまくらくぼう》御所の設置と執事上杉《うえすぎ》氏の生まれる歴史的環境、そして鶴岡八幡《つるがおかはちまん》宮《ぐう》を復興していく小田原北条氏綱《ほうじょううじつな》と供僧快元僧都《ぐそうかいげんそうず》の意気込みなど知ることができましょう。そして最後の公方足利義氏《あしかがよしうじ》が八幡宮を訪れた歴史的意義を通じて、「古都鎌倉」の再発見と近世社会の「参詣ブーム」を生み出す契機になったのでは、と想像しています。

総じて都市鎌倉の住人視点から取り上げた話題が多いと思います。政争に終始して闘いばかりがあった鎌倉ではないことを強調したつもりです。

二〇二一年十月一日

伊藤一美

目次

第一部　鎌倉武士の人間模様

第二部 〝かまくら〟が刻んだ土地の記憶

第三部　幕府滅亡後の鎌倉と戦国

鎌倉史跡図

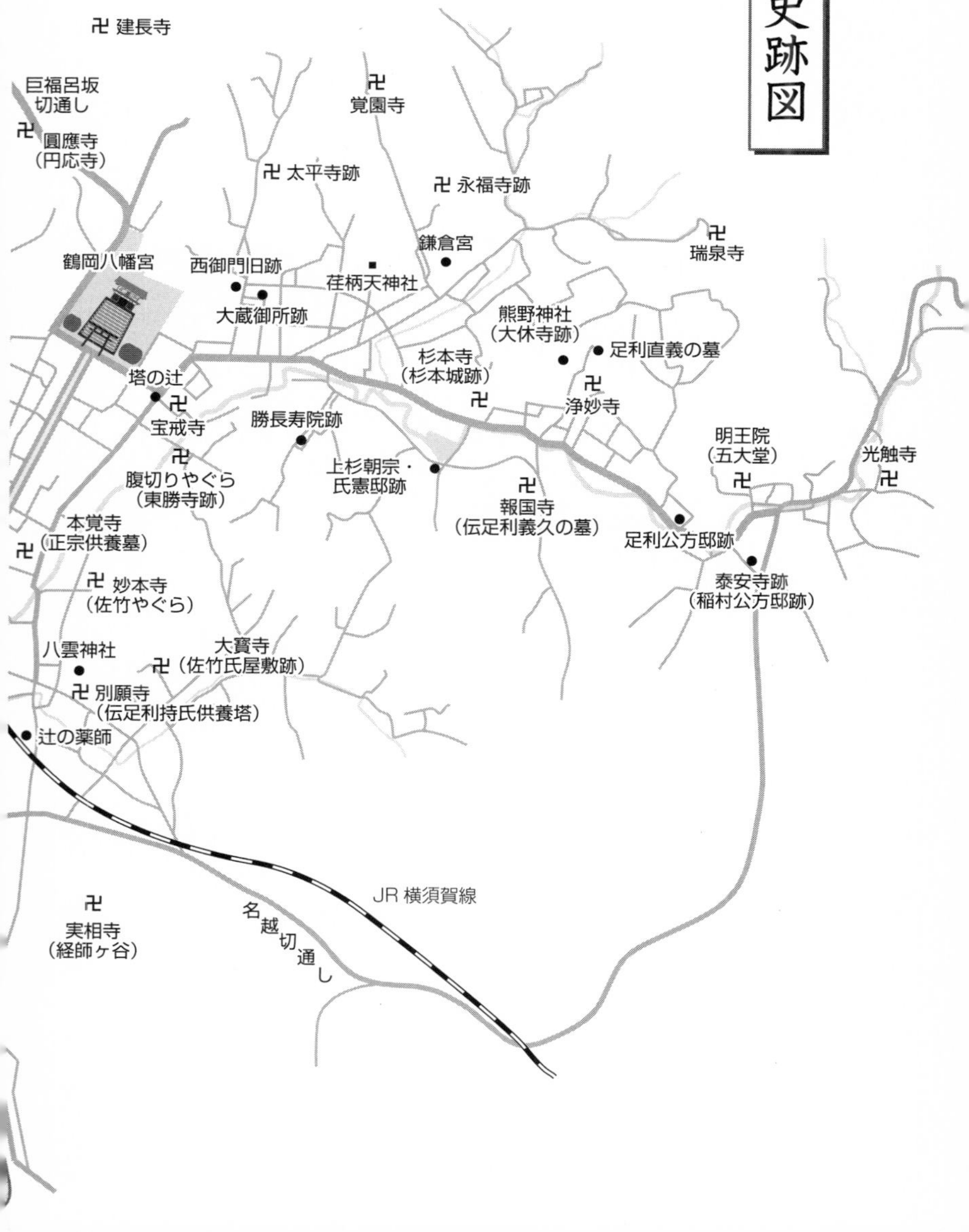
建長寺
巨福呂坂
切通し
圓應寺
（円応寺）
覚園寺
太平寺跡
永福寺跡
瑞泉寺
鶴岡八幡宮
西御門旧跡
鎌倉宮
荏柄天神社
大蔵御所跡
熊野神社
（大休寺跡）
足利直義の墓
杉本寺
（杉本城跡）
塔の辻
浄妙寺
宝戒寺
勝長寿院跡
明王院
（五大堂）
光触寺
上杉朝宗・
氏憲邸跡
腹切りやぐら
（東勝寺跡）
報国寺
（伝足利義久の墓）
本覚寺
（正宗供養墓）
足利公方邸跡
妙本寺
（佐竹やぐら）
泰安寺跡
（稲村公方邸跡）
八雲神社
大寶寺（佐竹氏屋敷跡）
別願寺
（伝足利持氏供養塔）
辻の薬師
JR 横須賀線
名越切通し
実相寺
（経師ヶ谷）

円覚寺
黄梅院
北鎌倉
明月院
（伝上杉憲方の墓）
東慶寺
浄智寺
長寿寺
（足利尊氏の墓）
亀谷切通し
海蔵寺
葛原岡神社
浄光明寺
英勝寺
（太田道灌邸跡）
化粧坂
切通し
赤橋守時邸跡
扇谷上杉邸跡
宇賀福神社
寿福寺
佐助稲荷社
無量寿谷
（安達邸跡）
江ノ島電鉄鎌倉駅
JR鎌倉駅
高徳院
（大仏）
大仏切通し
甘縄神明社
（安達邸跡）
由比ケ浜
和田塚
長谷
江ノ島電鉄線
元八幡
極楽寺
極楽寺切通し
極楽寺
伝上杉憲方の墓
前浜
霊仙崎
（仏法寺跡）
和賀江島

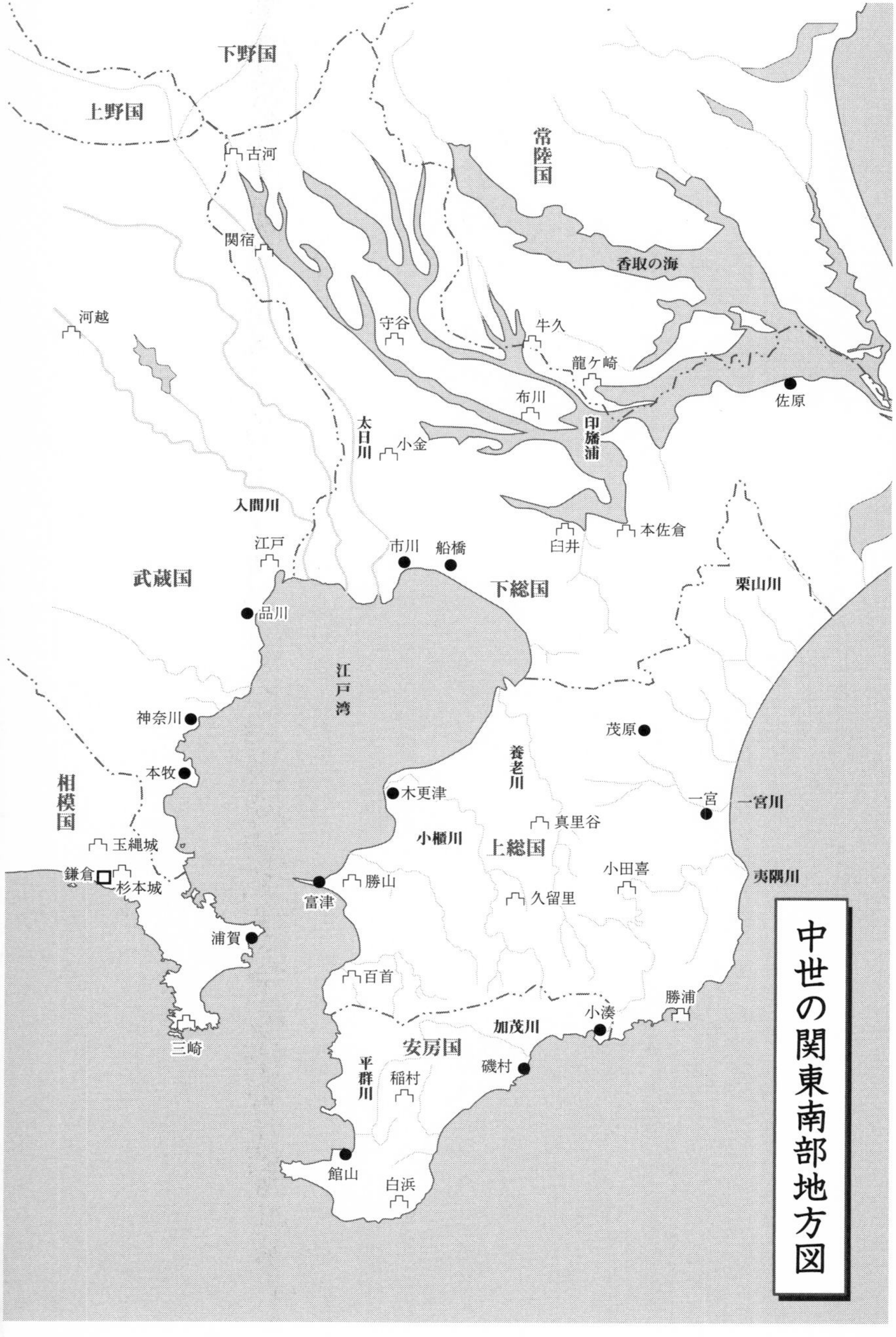
下野国
上野国
古河
常陸国
関宿
香取の海
河越
守谷
牛久
龍ケ崎
佐原
布川
太日川
小金
印旛浦
入間川
臼井
本佐倉
江戸
市川
船橋
武蔵国
下総国
栗山川
品川
江戸湾
神奈川
茂原
養老川
本牧
相模国
木更津
一宮
一宮川
真里谷
小櫃川
上総国
玉縄城
鎌倉
杉本城
富津
勝山
小田喜
夷隅川
久留里
浦賀
百首
勝浦
小湊
加茂川
三崎
安房国
磯村
平群川
稲村
館山
白浜

中世の関東南部地方図

第一部　鎌倉武士の人間模様

1 諸説ふんぷん！　以前、教科書に載っていた源頼朝の肖像画はいったい誰？

次ページの人物をみれば、京都神護寺《じんごじ》の肖像画のうち、あの人を思い浮かべることでしょう。実は、その人物が足利直義《あしかがただよし》（尊氏《たかうじ》の弟）だ、とする新説（米倉一九九五）が出ていたのです。これまで必ず教科書に載せられ、なじみ深い源頼朝像として学校で教えられました。

これまでの説では、一四世紀前期の『神護寺略記』に後白河院《ごしらかわいん》・平重盛《たいらのしげもり》・源頼朝・藤原光能《ふじわらのみつよし》・平業房《たいらのなりふさ》の名前があり、画像の作者は鎌倉初期の絵師藤原隆信《ふじわらのたかのぶ》と記されていることが源頼朝像の根拠になっていました。これらのうち、後白河院像と業房像は失われてしまったとされています。しかし、制作時期への疑問も早くから出ていました。画風や服装・飾り・畳などからの提議です（源一九五四、桜井一九六九）。それは頂相《ちんぞう》画系で宋風《そうふう》画像、纓《えい》と笄《こうがい》、平緒文様《ひらおもんよう》などが鎌倉時代後期のものであることなどが論拠でした。

やはり鎌倉後期成立という立場で、この三つの画像が制作されたことを切り口に、提議がさらに出されます（宮島一九九四・一九九六）。三画像の作成時期と筆者は異なるけれど、後高倉院《ごたかくらいん》・北白河院《きたしらかわいん》夫妻《ふさい》、その近臣たちが文覚《もんがく》と関わりの深い神護寺に奉納したものとされました。そして問題の画像主を、南北朝期に描かれたとする大英博物館蔵頼朝像と比較して源頼朝像であることを主張します。これらの説も問題の像主を源頼朝としていることはかわりません。

新説「足利直義像説」の根拠は、三作品がセット性を持ちつつも、伝頼朝像と伝重盛像には左右の対称性・武官の毛抜太刀《けぬきたち》を佩《は》く共通性があること、だが、伝光能像は共に異なるなど時代が下る特徴をまずあげています。次に、部品としての顔の比較に頂相を使い、一四世紀中期の表現技法の使用があることを指摘します。

伝源頼朝画像　京都市・神護寺蔵　国宝

さらに、寺に伝わる康永《こうえい》四年（一三四五）四月二十三日付けの足利直義願文《がんもん》から、足利氏ゆかりの神護寺に尊氏と自身（直義）の画像を描いて納めたこと、それは鎮護《ちんご》国家としての寺の永続性を願ったものと位置づけました。最後に、伝光能像を京都等《とう》寺院《じいん》蔵足利義詮《あしかがよしあきら》木像の顔との共通性を指摘します。

こうして上位者が置かれるはずの、向かって右には、伝重盛像を新たに将軍足利尊氏にあて、下位の左側には伝源頼朝像を足利直義として推定されたのです。そして伝光能像が足利義詮と位置づけられま

伝藤原光能画像（左）と伝平重盛画像（右）　共に京都市・神護寺蔵　国宝

した。

しかし、これで問題が解決したわけではありません。論議はさらに複雑化していきます。現存する肖像画と寺の伝承の真偽、比較すべき肖像画の種類やジャンル、服飾・飾り・持ち物・座など、有職故実《ゆうそくこじつ》の厳密な成果がそれらといかに像主に結びついていくか、問題が山積みなのです。新説を出された米倉氏でさえ、「肖像画は人のイメージの結集の場」とされ、「イメージの分脈を読み解くこと」が課題と指摘されています（米倉一九九八）。

一枚の画像をめぐって、まさに学問研究の最前線が今ここに展開されているのです。

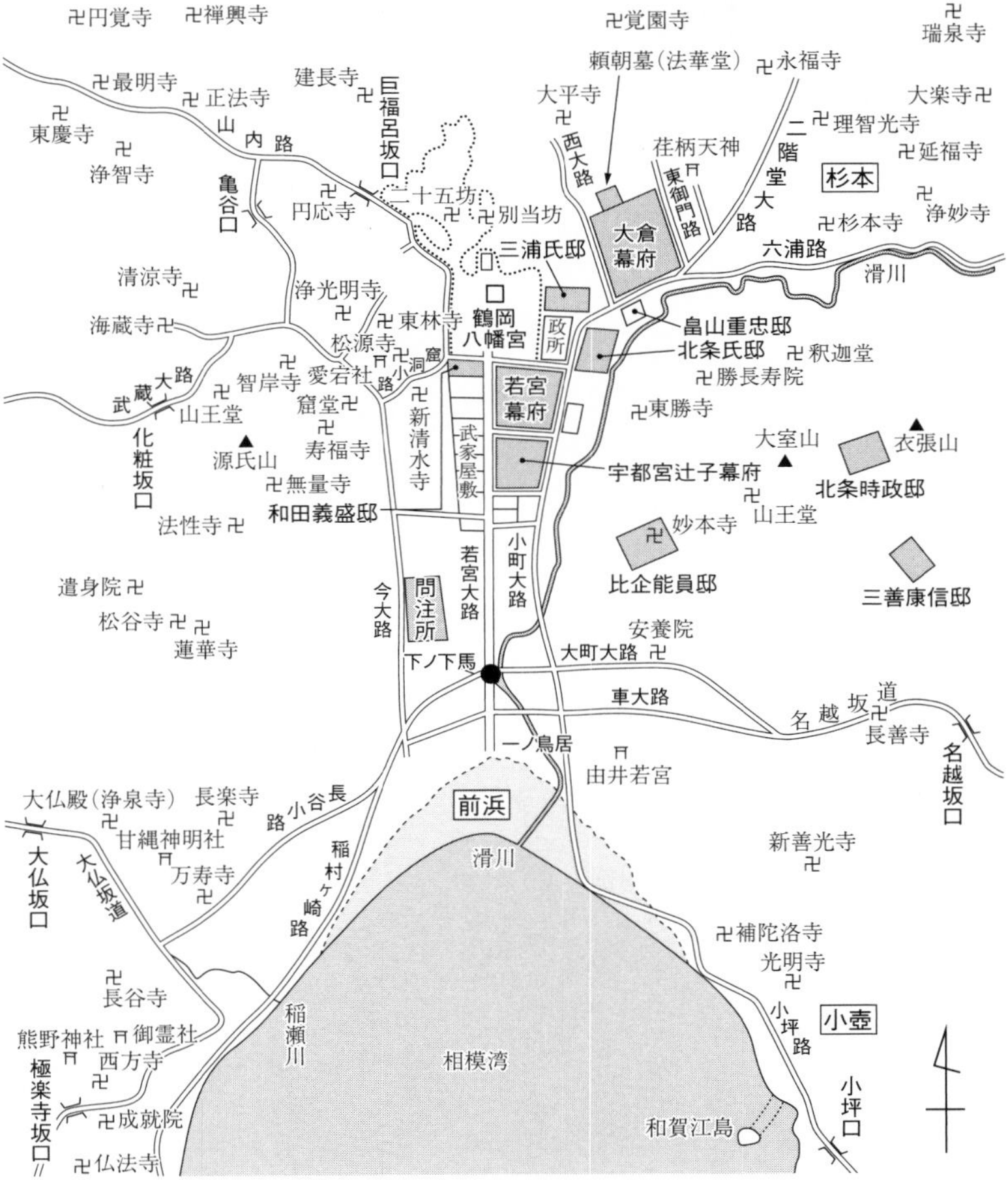

円覚寺
禅興寺
覚園寺
瑞泉寺
頼朝墓(法華堂)
永福寺
最明寺
正法寺
建長寺
巨福呂坂口
大平寺
大楽寺
東慶寺
山内路
理智光寺
西大路
荏柄天神
二階堂大路
延福寺
浄智寺
東御門路
杉本
亀谷口
円応寺
二十五坊
別当坊
大倉幕府
杉本寺
浄妙寺
六浦路
三浦氏邸
滑川
清涼寺
浄光明寺
鶴岡八幡宮
政所
畠山重忠邸
海蔵寺
東林寺
松源寺
北条氏邸
釈迦堂
智岸寺
愛宕社
小路
窟
勝長寿院
武蔵大路
若宮幕府
山王堂
窟堂
新清水寺
東勝寺
化粧坂口
寿福寺
武家屋敷
大室山
衣張山
源氏山
宇都宮辻子幕府
無量寺
北条時政邸
和田義盛邸
山王堂
法性寺
妙本寺
小町大路
若宮大路
比企能員邸
遺身院
問注所
今大路
三善康信邸
松谷寺
蓮華寺
安養院
大町大路
下ノ下馬
車大路
名越坂道
長善寺
一ノ鳥居
名越坂口
由井若宮
大仏殿(浄泉寺)
長楽寺
長谷小路
前浜
甘縄神明社
稲村ヶ崎路
新善光寺
大仏坂口
大仏坂道
滑川
万寿寺
補陀洛寺
光明寺
長谷寺
稲瀬川
小坪路
小壺
熊野神社
御霊社
西方寺
相模湾
小坪口
極楽寺坂口
成就院
和賀江島
仏法寺

中世鎌倉の復元図

2 そもそも鎌倉御家人とは、どのような身分・職制なのだろうか？

鎌倉「御家人《ごけにん》」のおこりは、はじめは源頼朝の挙兵に付き従っていった関東地方の武士層が頼朝と個人として「主従の関係」を結ぶことで生まれてきます。また、内乱が進むなかで平氏追討使《へいしついとうし》（頼朝）の動員命令に組み込まれ、その配下となる者もありました。とくに文治五年（一一八九）の奥州戦争は、全国的な御家人の成立の契機といえましょう。そこでは、前九年合戦での源頼義《よりよし》の故事が源頼朝によって再現されました。つまり、従軍した武士たちの先祖の所作をその子孫が同じように行うことを頼朝は命じました。こうした行為は、改めて源頼朝が河内源氏の棟梁《とうりょう》と仰がれるきっかけとなり、その貴種《きしゅ》性を形づくることとなったのです。こうして、初期の鎌倉御家人が生まれました。

その後、流人《るにん》から復権した頼朝は、建久三年（一一九二）六月、「政所《まんどころ》」の開設にともない、改めてこれまでの鎌倉御家人の認定を「下文《くだしぶみ》」から「政所下文」に替えていきます。つまり、頼朝個人との主従認定から組織によるそれへと変えていったのです。

しかし、反発もありました。頼朝から父とも思うといわれた千葉常胤《ちばつねたね》は「頼朝の花押《かおう》がない文書など、子孫も信用できない」と苦情を呈します。事実、「政所下文」と「頼朝袖判下文《よりともそではんくだしぶみ》」の現物セット

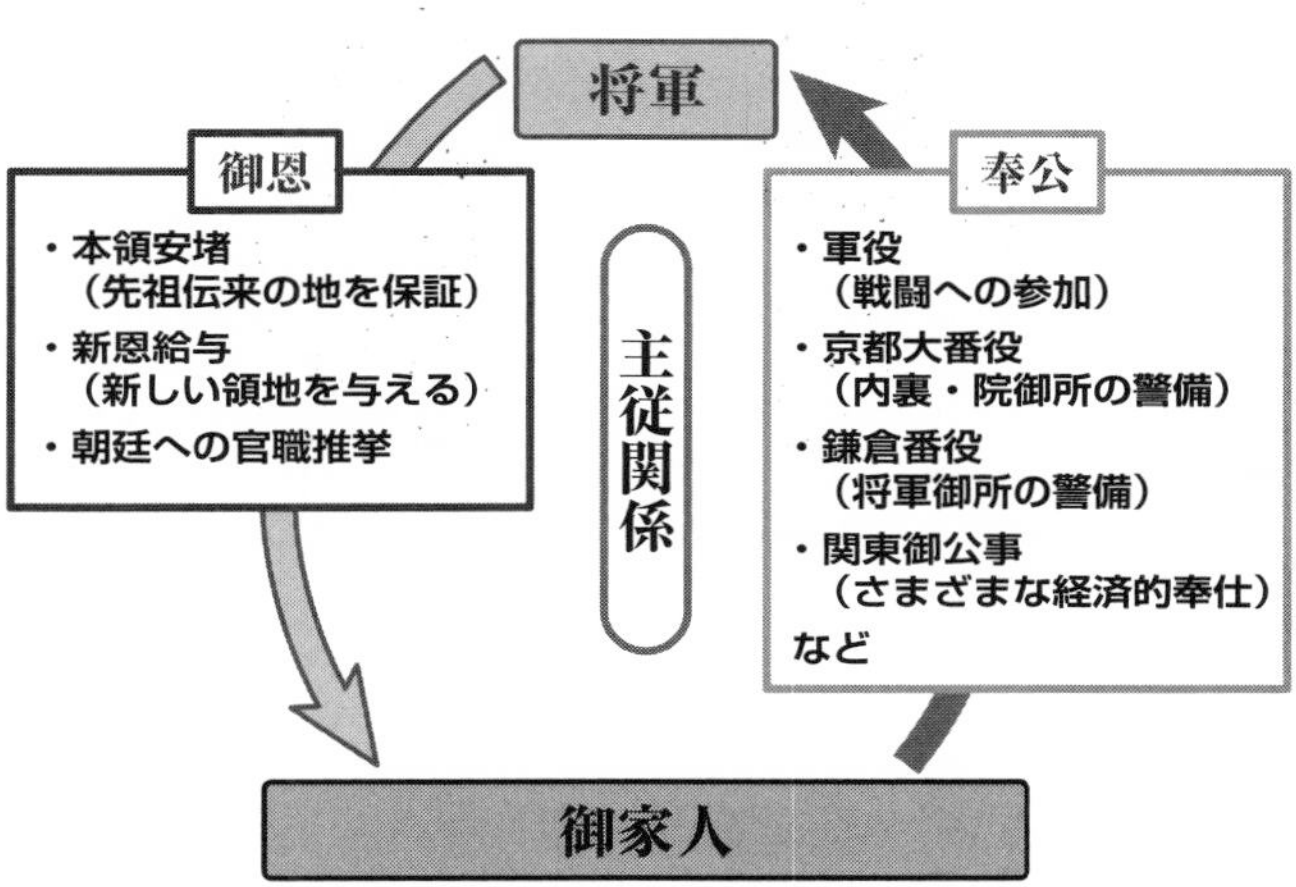

御恩と奉公概念図　田中大喜編著『図説 鎌倉幕府』（戎光祥出版）より転載

が下野《しもつけ》小山朝政《おやまともまさ》の子孫の家に伝わってきたことでわかります。頼朝政権は、内乱過程でつくってきたさまざまな身分の者や地域社会の人たちとの主従の関係をここに一律の「安堵《あんど》」認定体制に換えていったのだといえます。それは、個人としての「主従の関係」から、組織としての鎌倉幕府「主従の関係」への変化といえます。

しかし、西国の九州・四国方面では、初期「御家人」の成り立ちは異なっていました。これまで頼朝や追討の使者、守護などの出陣命令によって出頭し、名簿に記載された武士層が一括で確認されて「御家人」と認められてきたのです。美作国《みまさか》での「(梶原《かじわら》)景時《かげとき》軍兵注文《ぐんぴょうちゅうもん》」(摂津多田神社文書)、伊予《いよ》国守護「(河野《こうの》)通信《みちのぶ》相共《あいともに》候《そうろう》御《ご》家人交名《けにんきょうみょう》」(伊予大三島神社文書)など、統率者が御家人名を記しているのです。鎌倉との主従の関係は「主人(鎌倉殿)の顔は知らない御家人」といえるでしょう。まさに幕府「職制」としての御家人制度へ鎌倉前期には

梶原景時画像　鎌倉幕府の有力な御家人。石橋山の戦いで源頼朝の命を救ったことから、幕府内でも要職に就き権勢を振るった　個人蔵

変わり始めていったのです。

　また、御家人は本人の意思でその選択もできました。建久三年（一一九二）、美濃《みの》国守護大内《おおうち》氏の事例では、御家人になるか、ならないかを改めて国内武士層に確認しています（『吾妻鏡』）。その条件は「京都《きょうと》大番役《おおばんやく》」（内《だい》裏《り》の警備）を務めるか否かでした。こうして、源頼朝は建久年間（一一九〇～九九）にかけて順次、御家人制度を整えていったのです。

　御家人という幕府身分集団ができると、それは一種の特権身分の誕生でもありました。縁あって御家人となった伊賀《いが》国黒田《くろだ》庄の武士が領家《りょうけ》の東大寺から圧迫されたため、「御家人中」に支援を求め、若狭《わかさ》国では没落した御家人を同国御家人が救済支援するなど、御家人の仲間意識ともいうべき同一身分所属観が鎌倉中期あたりから生まれはじめてきます。それは『吾妻鏡』によくみる「傍輩《ほうばい》」意識ともいえるものでした。

　比企能員《ひきよしかず》は「独歩《どっぽ》の志《こころざし》」、三浦泰村《みうらやすむら》も「独歩の余《あまり》」に滅んだのだ、と記されています。頼朝も挙兵するにあたり、武士たちに「独歩の思《おもい》」を止め、「諸人の一揆《いっき》」を求めています。同格の仲間同士のような「傍輩」意識は、鎌倉時代を通じて政治的・経済的に現実とは異なるさまざまな御家人の共有すべき基本的なアイデンティティといえるのではないでしょうか。

それはまた、〝排除〟にも通じることでした。鎌倉時代後期には、一般庶民身分といわれる「凡下《ぼんげ》」らでも経済的・武力的な蓄積により、大番役などにも従事し、周囲から御家人と認められるような地方の有力者（名主《みょうしゅ》・庄官《しょうかん》）も九州や西国ではあらわれてきたのです。幕府はその申請に対して、先祖が御家人役を務めた証拠の有無で判定をしています。しかし、ほとんどが認められませんでした。その背景には御家人の土地が非御家人らの手に渡っている経済的な現状があるのです。

すでに蒙古《もうこ》襲来《しゅうらい》の危機がある時期、寺社領荘園内の地域有力者らを総動員しようとする動きとあいまって、幕府は御家人の再把握のために調査確認を行っています。しかし、代々の由緒を厳格に求める後期の幕府北条氏は、「名主庄官」らを御家人と認めることはありませんでした。つまり、〝排除〟の選択だったのです。ここに、彼らがのちに「悪党《あくとう》」とよばれる幕府体制への批判勢力となる要因が生まれていったといえましょう。頼朝がその出発点にした御家人制は、鎌倉時代後期に、すでに制度的疲労に及んでいたといえます。

さらにいえば、鎌倉幕府の滅亡は「御家人」制そのものの中に生まれていた「傍輩」意識が破綻した結果であったといえばおおげさでしょうか。

3 鎌倉御家人が食べた名物料理の食材と、酒や宴会での戒めの言葉

絵巻物には、よく鎌倉武士の食事風景が描かれています。それは、大根やカブラ、鶴《つる》・オシドリ、鮎《あゆ》・鯉《こい》、海老《えび》・蛸《たこ》・蟹《かに》などが折敷《おしき》の上にカワラケなどに載せられ、酒を飲む姿などでしょう。鎌倉の発掘では、海が近いことから相模湾近辺に生息する海獣類、魚類、貝類、鳥類、獣類など、今に見られる種類がほとんど出てきます。ただし、それらをすべて食べていたかはよくわかりません。

幕府政所の便所跡からは、たくさんの瓜種《うりたね》・なす種が出ているので、幕府役人たちは季節の野菜を賞味していたことは明らかです。訴訟関係で音物《いんもつ》として贈られたものかもしれません。

魚類ではマグロ・カツオ、マダイ・カレイなどがあります。京都と同様にコイを接待の上モノとしますが、北条時房《ときふさ》・顕時《あきとき》邸便所跡の土壌からは肝吸虫《かんきゅうちゅう》・横川吸虫卵《よこかわきゅうちゅうらん》が見つかっていますので、コイの生食が行われていたようです。さらに鎌倉では、回遊魚のカツオをよく食べていたことが『徒然《つれづれ》草《ぐさ》』に記されています。鎌倉時代の初め頃は下部《しもべ》さえも頭を切って捨てていたというもので、後期には鎌倉人も好み始めていたのでしょう。

ただし、御家人でも上級御家人クラスの屋敷跡では、大型のマダイ骨が多数でているところから、

鎌倉武家祝い膳　鎌倉武士の祝い膳を現代に再現したもの。醤油の起源とされる醤醢（ひしお）を使い、口中調味（こうちゅうちょうみ）で味付けが行なわれていたという
写真提供：鎌倉市・鉢の木

やはり高級魚嗜好《しこう》であったことは明らかです。

さらに、サザエ・アワビ・アカニシ・アサリ・ハマグリなどは、つぶのそろったものが市内各所で出ることから、商品としての貝類とみてよいものです。

また、至る所から鹿と猪の骨が出土しています。御家人が「鹿食《かしょく》」したために、鶴岡八幡宮流鏑馬《やぶさめ》神事に出られない（出たくない？）事例が『吾妻鏡』に頻出することと符合するのではないでしょうか。

こうした食材は回遊魚のカツオやつぶぞろいの貝類などからみて、専業の漁師・海女《あま》、猟師が捕獲して、商品として調整して鎌倉内に搬送・流通させていたものを御家人の家では購入していたのではないかといわれています。御家人が鹿や猪を射るために鎌倉町内で武装していたら、それこそ

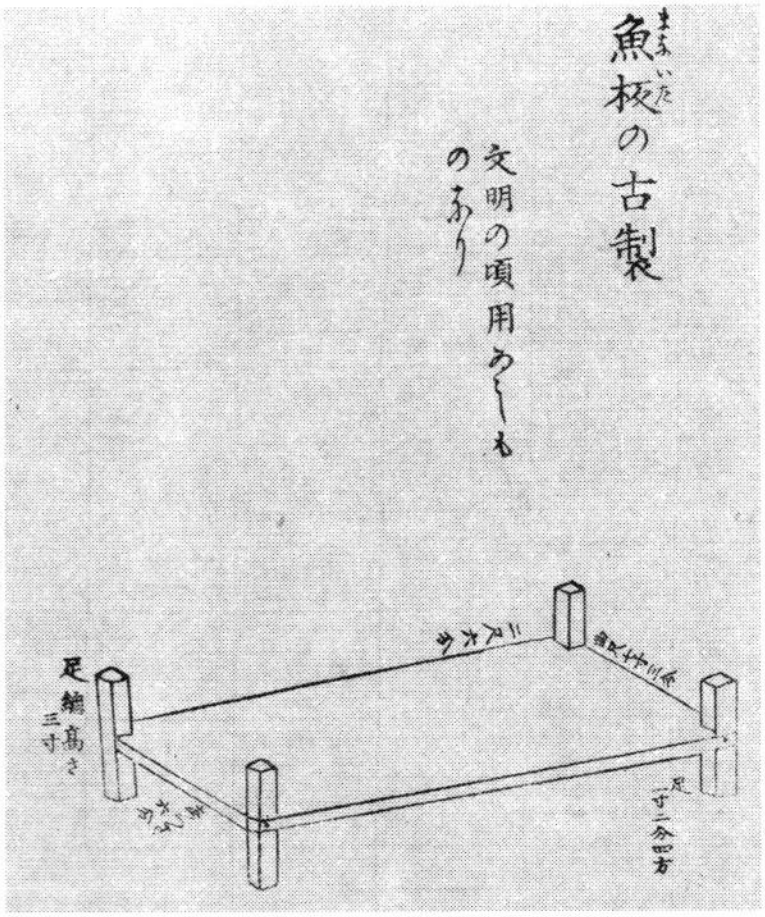

魚板の古製　「日本歴史参考図」より転載

謀反人と間違われることでしょう。都市鎌倉は消費経済の町であったことは確実です。

次に調理の道具は何だったのでしょうか。鎌倉では、イロリ跡が北条時房・顕時邸跡から見つかりました。地面を深く掘り込み、四角に板を廻らし、黒土を詰めて火床を造っています。おそらく自在鉤《じざいかぎ》や五徳《ごとく》をおいて煮炊きしたのでしょう。その上に鍋《なべ》・釜を載せたらしいのです。鉄鍋は再利用されるせいで、出土はほとんどありません。

石鍋は九州や伊勢産のものが多く使われています。薄手で熱伝導が良いですが、割れやすいものです。煤《すす》が付いたまま出土するものが多いのは、藁《わら》などでの煤落としはしなかったからでしょう。市役所近くの諏訪《すわ》東《ひがし》遺跡《いせき》からは厚さ二センチメートルほどのまな板が出土、面には丸い焦げ跡がついてました。きっと熱した石鍋を置いたのではないでしょうか。

調理道具から鎌倉武士が好んだ食べ物を知ることができます。それは「すり鉢」で、粉にして食するための道具です。ただし、鉢の内部にはほとんど「すり目」がないことが特徴です。すりこ木も出土しますが、多くは木製の搗《つ》き臼《うす》と杵《きね》を使って粉にして「素麺《そうめん》」や「味噌《みそ》」「麦こがし」などにしていたようです。でも効率的な「石臼《いしうす》」は、鎌倉では南北朝時代以降に使用されていくものでした。

武士の食事は、折敷の上にカワラケの大か小のものが四、五枚載せられているのが普通です。江ノ電鎌倉駅ビル用地からはこのようなセットが丸ごと出土しました。そのなかの大皿には桃《もも》の種が複数乗っかっていたのです。食後のデザートでしょうか。

幕府政所跡や御所跡、有力御家人邸跡などで、食べるための、杉材を細く削った箸《はし》、あでやかなデザインの漆椀《うるしわん》も大量に出ます。大量のカワラケ、お椀と箸、それは日常が宴会政治であったといってもよいのかもしれません。なかには折敷やカワラケに墨で和歌や絵を描いたものも出土していますが、判読は難しい。筆記者の酔いのせいなのでしょうか。

京都の六波羅探題《ろくはらたんだい》に赴任《ふにん》する息子長時《ながとき》へ父北条重時《しげとき》が書いた家訓に、酒と宴会に関する注意が出ています。人を見下して宴会に出てはならない、一人で酒を飲むのではなく、殿原《とのばら》（傍輩）らを呼んでともに飲め、人の前にある酒・肴《さかな》・菓子躰《かしてい》のものを勝手に取って食べてはならぬ、乱れた宴席でも状況に合わせて振舞うように、酔っぱらって赤ら顔で大道を歩くな、暗くなってからか、または車で帰還せよなど、現代にも通じる処世訓《しょせいくん》ともいえるものです。

鎌倉御家人の食生活は、今に生きるわれわれに改めて喚起と注意を呼びかけるものといえましょう。

4 ドッグブリーダー⁉　将軍頼家も飼い犬の組織を立ち上げ、市中はさながら犬たちの都

建仁元年（一二〇一）、二代将軍源頼家《よりいえ》は「飼犬《かいいぬ》」の世話をする組織を立ち上げます。一番から三番の編成で二日勤務、毎日の「結番《けちばん》」というのだから思い入れは強いのです。務める御家人は小笠《おがさ》原《わら》長経《ながつね》・細野《ほその》兵衛尉《ひょうえのじょう》・中野能成《なかのよししげ》・工藤十郎《くどうじゅうろう》・比企時員《ひきときかず》・本間忠貞《ほんまただざだ》の六人。彼らは日ごろから頼家近辺にかしづく側近衆たちです。『吾妻鏡』には、特別扱いをされている記事がいくつも出てきます。彼らは「狩猟を事とする輩」ともいわれています。この犬たちは狩猟犬です。幕府御所内で北側「石壷《いしつぼ》」（石を敷いた庭）に犬小屋が置かれ、「御簡《みふだ》」（担当者名）が掲げられていたのです。彼らは「飼《かい》口《くち》」といわれているので、犬の飼育や管理を行うことも仕事のうちであったのでしょう。

狩猟犬の歴史はかなり古くからありますが、長屋王家《ながやおうけ》の子である大若翁《おおわかぎみ》が飼育していた犬は、公費支給の餌《えさ》を与えられ、厩舎《きゅうしゃ》にいた「御馬屋犬」も特別扱いの犬でした。平安時代の清少納言《せいしょうなごん》も一《いち》条《じょう》天皇とともに「翁丸《おきなまろ》」をかわいがり、ていねいな治療も施していることが知られています。藤《ふじ》原道長《わらのみちなが》も白犬を飼っていました。あの後白河院でさえ、「御寵犬《ごちょうけん》」の死を悲しんだ記事が『玉葉《ぎょくよう》』に見えています。彼らはさしづめ「犬オタク」なのでしょう。

中世の鎌倉では、犬がたくさんいました。浜の下馬橋《げばばし》付近、東の好色家《こうしょくや》（女性が相手をする居酒屋?）で飲んでいた三浦氏と西隣の居酒屋にいた小山氏らが乱闘となりますが、その原因は小山一門が門前の「追出犬《おいだしいぬ》」を射た矢が原因でした。「追出犬」とは、「犬追物《いぬおいもの》」の標的となる犬のことです。御家人たちが鎌倉で「犬追物」を始めたのは、貞応元年（一二二二）が初めてのことです（『吾妻鏡』）。二〇匹の犬が標的にされています。なお、京都方面では「牛追物」が平安時代から行われてきました（『古今著聞集《ここんちょもんじゅう》』）。中世の鎌倉の町中には、かなりの犬が歩き回っていたことでしょう。

頼家の側近に飼育される「飼犬」は狩猟犬ですが、愛玩用の犬もいたことはたしかです。鎌倉では、大蔵《おおくら》御所跡の一角、南御門では犬の体に合った大きさの墓に丁重に葬られたもの、海岸付近の遺跡からは、人骨・獣骨などがたくさん発掘されています。とくに長谷小路《はせこうじ》南遺跡の墓からは、ていねいに葬られた成犬の全身骨が見つかりました。なんとその胸のうえには、北宋銭《ほくそうせん》一枚が置かれていました。人が死んだ後に三途《さんず》の川の渡り賃として六枚（六道銭《ろくどうせん》）置かれることが普通です。犬なので安くて一枚だったのでしょうか。

犬追物で追出犬を放つ前の姿　「犬追物図説」

本当に幸せな犬で、鎌倉時代にも「ドッグブリーダー」がいたことは、確かなのです。

5
鶴岡八幡宮流鏑馬神事の日に建長寺前で起こった
トリカブト暗殺事件

正嘉二年（一二五八）八月十六日、明かりがつく頃、建長寺《けんちょうじ》前で伊具四郎入道《いぐしろうにゅうどう》が射殺されました。犯人は蓑笠《みのがさ》を着けた騎馬者で下部《しもべ》一人を連れていました。主人伊具の左方を通りすぎるときに、所《しょ》従《じゅう》は田舎から鎌倉に上ってくる者か、と思ったと証言しています。落馬した主人を見て初めて矢で射られたと気が付いたといいます。そして、なんと毒を塗られた鏃《やじり》が刺さっていたのです。

翌十七日、伊具殺害の嫌疑《けんぎ》で諏訪刑部左衛門入道《すわぎょうぶさえもんにゅうどう》が佐々木氏信《ささきうじのぶ》のところに預けられます。また、平俊職《たいらのとしもと》や牧左衛門入道《まきさえもんにゅうどう》も加担していたことが露見しました。殺害に至る動機は次のようです。十六日に平と牧も終日諏訪の家で会合し、盃を傾けていました。伊具が帰宅するころを見計らい、諏訪は急いで座を立ち路地に出て、射殺してから帰宅し、また酒宴に及んだというのです。

北条時頼《ときより》は諏訪を呼び、問いただしたところ、昨日集まっていた者たちを証人として彼は弁明をしました。そこで再び会衆であった平と牧二人を召喚し尋問したところ、いったんは認めました。どうやら諏訪の所有地が時頼から伊具に与えられてしまったことが遺恨の原因のようでした。

時頼は「殺人に使われた箭長《せんちょう》とその見事な射様《いりよう》からただ者ではない、諏訪が犯人ではないか」と

鶴岡八幡宮の流鏑馬　鶴岡八幡宮の放生会に際して源頼朝が行わせたと伝える。鎌倉時代の狩装束を着用した射手と、江戸時代の軽装束を着用した射手によって行われる
写真提供：鎌倉市観光協会

推理します。十八日に諏訪を捕らえて尋問するが承知しません。奉行人は所従の高太郎《たかたろう》に「主人はすでに白状している」と騙《だま》して尋問しました。

高太郎は「主人は尋問されることを恥辱《ちじょく》と思って白状したのでしょう。卑しい私は恥辱などなんとも思わない。事実を言うのみです。でも主人が白状した以上、所従の私がいうことはありません」と突き返します。まさに所従としての立場を通し続けるのでした。

その後も、諏訪と高太郎は白状しません。一計を案じた時頼は、「将軍宗尊《むねたか》による諏訪への嫌疑と所従の白状から斬刑《ざんけい》は逃れられない。事実を話せば命を助けよう」と持ちかけます。諏訪は喜びますが、時頼は「殺人で遺恨を果たした者へ、天下の法で処罰されない道理はない」と九月二日に処刑したのでした。公人《くにん》（奉行人）であった平俊

北条時頼木像　兵庫県佐用町・最明寺蔵

職は硫黄島に配流《はいる》となりました。奇しくも祖父康頼《やすより》の「鹿ケ谷事件《ししがたにじけん》」での処置と同じでした。

伊具氏とは、伊具庄（宮城県丸森町）を所領とする北条有時《ありとき》の子孫一門です。諏訪氏は信濃諏訪神社神官で御家人、とくに弓射の技術に優れていたことは有名です。

推理はこうです。事件前日は鶴岡八幡宮流鏑馬の日でした。また、諏訪氏の屋敷が亀谷にあったことは金沢貞《かねざわさだ》顕《あき》書状の火事の記事から明らかです（金沢文庫文書）。つまり、流鏑馬神事が終わった翌日、諏訪氏所従らは自宅から亀ケ谷道を建長寺に先回りして、上鎌する旅人姿に変えて犯行に及んだのです。ならば山内に帰宅する伊具氏は、小袋坂を越えて建長寺前付近で旅人に化けた諏訪氏と所従に遭遇するはずです。彼らは互いに右側通行を守っていたのでしょうか。諏訪氏も凄腕《すごうで》の右利き射手《いて》です。それも記録に初めて残る毒矢（トリカブト）を使ったことは、その殺意が明確にあったことを裏付けています。所領による怨恨事件は、まさに「一所懸命《いっしょけんめい》」の世界が日常的に展開された証拠といえるのです。

6 宮仕えは厳しいなぁ！　ある鎌倉御家人の置文から

「この上は申し置くことはない。僻事《ひがごと》（道理に外れたこと）と思ってはならない」。寛元三年（一二四五）、鎌倉御家人渋谷定心《しぶやじょうしん》の置文《おきぶみ》（一族や子孫に向けて現在と将来にわたり、遵守《じゅんしゅ》すべきことを書き記した文書）の末尾に記された言葉です。相模国高座《こうざ》郡渋谷を苗字の地とする渋谷氏は桓武平氏《かんむへいし》出身で、子孫にはあの東郷平八郎《とうごうへいはちろう》がいます。平治《へいじ》の乱に源義朝《よしとも》に味方した近江武士佐々木秀義《ささきひでよし》らが平清盛からにらまれ、奥州へ逃走するとき、密かに匿《かくま》った初代の渋谷重国《しげくに》が有名です。定心が子どもたちに伝えたいことは何だったのでしょうか。それは、①鎌倉幕府からの負担命令の履行《りこう》、②一族の土地・屋敷の分割と税負担、③氏神社などの負担、④一族兄弟の行いへの規制、と大きく分けられます。

幕府から命じられるものには以下のことがありました。「鎌倉御神事の時、舎人《とねり》出立事」、「鎌倉より人夫を召さるる事」、「大ゆかの番」・「京都大番事」、「大庭《おおば》御牧をひかん時」ということです。「鎌倉御神事」とは、鶴岡八幡宮寺の神事で雑役の奉仕をする舎人を差し出すことでした。その負担は長男の明重《あきしげ》が取り計らうのです。さらに「鎌倉よりの人夫」も多くかかってきたら、女子も含めて一族へ配分し負担しました。「大ゆかの番」とは鎌倉御所の警護のこと、「京都大番事」とは京都の内裏《だいり》を守護することです。ともに御家人として基本的な役負担であり、ステータスシンボルでもありました。鎌倉御所警備では嫡男が五分の二、そのほかが三を負担、「京都大番」では兄弟四人が所領数に応じて負担するとなっています。「大庭御牧をひかん時」とは、おそらく高座郡藤沢の大庭原野に広がる「牧」で牧草などを刈り取り、鎌倉幕府へ納めることなのでしょう。なお、所領からの人夫を出さずに銭で払うことも許されていたことがわかっています。土地屋敷関係では、女子にも在家《ざいけ》（百姓家）と田畠が保証されています。とくに嫡男には「鎌倉の屋地」が譲られました。その注記が思わぬ出来事を語ってくれます。「他人を宿泊させても、弟らには貸さないことが多くみられる。親の命令に背き、厳しくやめさせ、上（幕府・北条氏）に申し上げる」と口調は厳しいものです。

鎌倉への所用のおり、屋敷持ちでない御家人らには「旅籠《はたご》」がありました。でも鎌倉の御家人宅へ泊めてもらうこともあったのでしょう。兄弟なら別でしょうが、他人ならばタダではすみません。当時、鎌倉には「旅籠振舞《はたごぶるまい》」という悪しき慣習が蔓延《まんえん》していて、幕府は禁止しています。でも北条氏自身がやっていた証拠に、その文字が書かれた木簡《もっかん》が鎌倉赤橋前の屋敷跡からでています。なかには主人から預かった鎌倉屋敷を遊女や仲立《なかだち》（美人局《つつもたせ》）らにちゃっかり又貸しして稼いでいる留守番もおりました。鎌倉後期には、鎌倉にも博打《ばくち》が流行《はや》っていました。法令で禁止していますが、その効果は上がらないようです。「子息や孫たちが屋敷を博打の賭けにして失っていくこと」を防ぐため、「兄弟がみな寄り合って一度は注意して、今より後はそういうことはしません、と起請文《きしょうもん》に書かせること。それでも『なおその心ありてくるう事あらば』親の申し置きとして、その屋敷を兄弟で分けてしまいなさい」と手厳しい。一度手を染めたギャンブルを断ち切ることは今も昔も同じで難しいものです。

それ以上に定心が恐れていたことがあります。「よるましき人の元へ寄り、はち（罰）を顧みず振舞う事」です。すでに北条得宗《とくそう》家《け》時宗《ときむね》の勢力盛んな時期でした。得宗以外の北条氏に従うことを定心は避けていたのです。しかし、二人の息子が信州塩田《しおだ》の北条義政《よしまさ》のもとに走ったのです。一族の結びつきが壊れる可能性があったといえましょう。

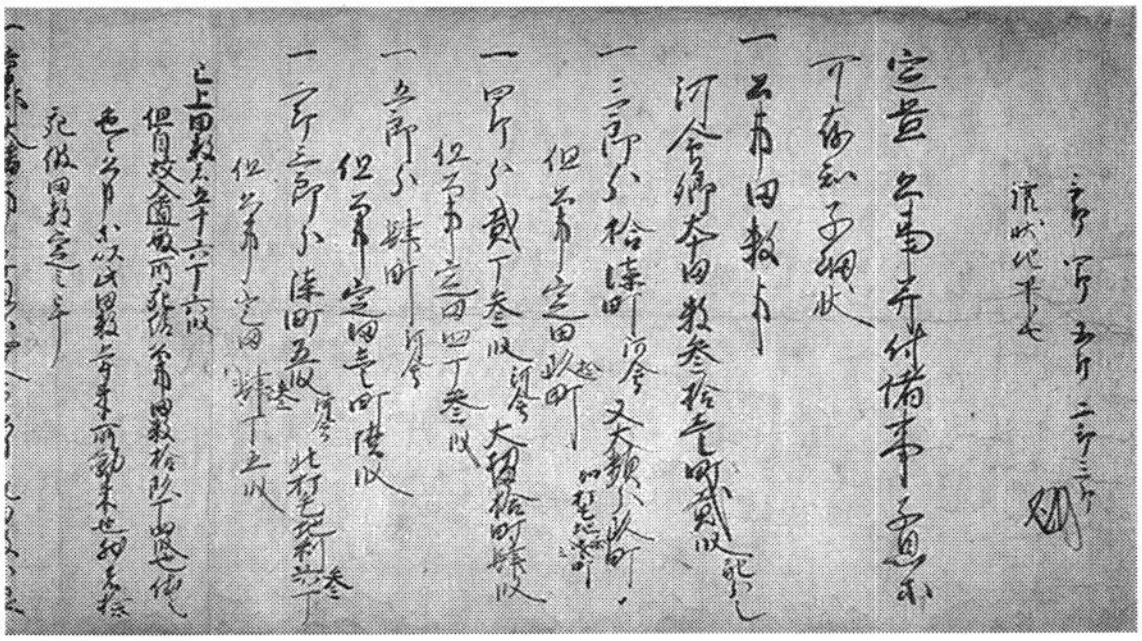
渋谷定心置文（入来院文書）　東京大学史料編纂所蔵

定心は時宗に彼らと親子の縁を切ることを伝えています。老い先を気にする定心には、さらに自分への弔《とむら》いの心配もありました。仏事を理由に他人から費用をせしめること、かわいがった奉公人へのパワハラなど、親の心に背くことで功徳《くどく》にはならない、と記しています。

歴史の上では華々しい活躍をしてきた武士たちですが、幕府の地方公務員「鎌倉御家人」としての立場と「イエ」の家長としての苦悩は、第一線で厳しく働く現代人の姿にもかさなってくるようにも思えます。

7
諸人恐懼の飯沼資宗。公家・久我氏の娘二条と、「あやしく、いかなる契りなどぞ」の噂立つ

正応五年（一二九二）四月二十三日、賀茂祭りの供奉人《ぐぶにん》に一人の武士の姿がありました。鉾《ほこ》に金銀の鞠《まり》、銀の打枝《うちえだ》を付け、葵《あおい》と呼ぶ黒栗毛《くろくりげ》馬にまたがっていました。直垂《ひたたれ》の従者《じゅしゃ》は金作《こがねづくり》の太刀《たち》を持って控えています。後深草《ごふかくさ》上皇もその姿を見ていたのです。「その躰《てい》はなはだ美麗、およそ言語の及ぶ所にあらざる也」と公家三条実躬《さんじょうさねみ》はその日記に書いています（『実躬卿記』）。賀茂の祭にあわせて馬名を「葵」とは、なんと粋な感覚を持っているのでしょうか。彼はこのとき二六歳でした。

資宗《すけむね》の父は北条貞時《さだとき》家の執事平頼綱《よりつな》で、兄に宗綱《むねつな》がいます。久明親王将軍《ひさあきらしんのうしょうぐん》を迎える正応二年九月には、資宗は検非違使《けびいし》ではなく（『とはずがたり』）、十月に晴れて任官されています（『勘仲記《かんちゅうき》』）。二三歳でこの任官とは、同身分の御内人長崎《みうちびとながさき》氏をも超えています。安房守にもなっていますので、御内人ながら御家人の評定《ひょうじょう》・引付衆《ひきつけしゅう》の身分に上っていったと考えられています。この時期は、父頼綱も専制的な政策（訴訟の門前払い）を北条貞時のも

とで行っていたことはよく知られています。

おりしも都から鎌倉へ来ていた久我《こが》雅忠《まさただ》の娘である二条《にじょう》が資宗の母親から小町殿《こまちでん》に来てくださらないか、と手紙をもらっています。東二条院《ひがしにじょういん》から五衣《いつつぎぬ》の生地を拝領したが、縫ってないので見てほしいというのです。「出家姿」だからと断るが、押し切られて訪問しています。小町殿の屋敷は、貞時の屋敷内で「角殿《すみどの》」と呼ばれていました。背が高く、堂々とした体つきの「御方」が薄青地《うすあおじ》・紫糸《むらさきいと》・大紅葉《おおもみじ》の唐織物《からおりもの》に白裳《しろも》の姿で現れました。将軍御所の室礼《しつらい》は普通なのに、この屋敷は綾羅《りょうら》錦繍《きんしゅう》をちりばめ、極楽浄土のようでした。それらに驚いているうちに、今度は奥から袖短《そでみじか》の白直《しろのひた》垂《れ》姿で主人の入道（頼綱）が馴れ馴れしく「御方」の脇に座ったのです。それをみた二条は興ざめの心地になったといいます。武家の都市鎌倉と都の文化摩擦といってもよいのかもしれません。

その後、飯沼資宗から使者が二条の所に何度か訪れ、「続歌《つづけうた》」をいたしませんかと、ていねいなお誘いがありました。二条は、思ったより情けのある方でと、たびたび連歌《れんが》・歌など詠みあって年末までともに遊んでいます。この座にいた御家人広沢入道《ひろさわにゅうどう》（行実《ゆきざね》・宗尊親王王女の傅役《もり》）とは、後年に備《びん》後和知《ごわち》氏館《しやかた》で再会し、危うい難を救われることになるのです。因縁とはこのことなのでしょう。

正応三年九月、そろそろ都へ帰らねば、と馴れた人たちと名残おしみを交わしはじめた十日、その暁に出発と予定していた矢先でした。突然、さまざまな品をもって「もう一度続歌をしましょう」と資宗が来たのです。二人は夜通し歌を詠み続けます。「涙川はどこですか?」と以前からの質問に「知りません」と返答します。ここには資宗の「恋ごころ」が見え隠れしているとみるのは深読みでしょうか。二条は、さらに人生の旅を続けることを資宗に伝えます。

鎌倉滞在中では、いつも寄り合っているというので「あやしく、いかなる契りなどぞ」と評判となっていたのでした。彼は、その場で盃を据えた折敷《おしき》に筆で書き付けました。

わが袖に　ありけるものを　涙川　しばしとまれとは　いはぬちぎりに

そして座をたち、旅の衣などを二条に渡すのです。

きてだにも　みをばはなつな　旅衣　さこそよそなる　契りなりとも

資宗の二条への想いがにじみ出ています。二条自身もそういう気持ちを否定はしませんでした。彼への返歌に、戴いた濡れ衣に託した、資宗の悲劇が隠されているようです。

ほさざりし　そのぬれ衣も　いまはいとど　恋ひん涙に　くちぬべきかな

翌永仁元年（一二九三）四月十三日、鎌倉は大地震に襲われました。人心不安な中、二十二日の寅の刻（午前四時頃）、平頼綱と子飯沼資宗らが貞時追手の攻撃に材木座《ざいもくざ》経師谷《きょうじがやつ》で自害したのです。なんと兄宗綱の密告によるといいます（『親玄僧正日記《しんげんそうじょうにっき》』）。鎌倉では安達泰盛《あだちやすもり》を倒した後、彼らが執政《しっせい》となり、「諸人恐懼《しょにんきょうく》」の様相だったと京都ではうわさされていました（『実躬卿記』）。宗綱自身も結局、捕縛されて佐渡に流されたといいます。彼ら得宗御内人は鎌倉後期、得宗《とくそう》専制体制の矛盾の犠牲になったといえるのではないでしょうか。

8 『蒙古襲来絵詞』を描く要因は安達泰盛の度量と、竹崎季長の〝いざ鎌倉〟

鎌倉甘縄《あまなわ》無量寿寺谷《むりょうじゅじがやつ》にある豪華な武家屋敷。板の間には淡い紫地の直垂《ひたたれ》を着た武士が座っています。小紋高麗縁《こもんこうらいべり》の畳の上では、幕府御恩奉行の安達泰盛《あだちやすもり》が何やら話を聞いていました。

わずか五騎の勢で肥後国《ひごのくに》軍勢の先駆けを行い、旗指《はたさし》と私の乗馬が射殺され、私以下の三人が傷を受けました。仲間の御家人を証人にして鎮西《ちんぜい》奉行の代理人である少弐経資《しょうにつねすけ》殿へ将軍への御注進をお願いしたのに漏れていたことは残念です。弓矢取りの武士として面目を失いました。先駆けの功を将軍に認めてもらいたい。

幕府権力者にじかに物申したその武士とは、肥後国御家人の竹崎季長《たけざきすえなが》です。建治元年（一二七五）六月三日、一門親族の見送りすらなく、故郷の肥後国竹崎を出発しました。旅費は自分の馬と鞍を売り払って工面《くめん》しました。一族内でトラブルがあったようで、「無足人《むそくにん》」（所領もない人）ともいわれていました。「もし将軍に認めてもらえなければ出家して帰らない」と、武士もやめる決意でした。彼は、七ヵ月前に文永の合戦にわずかな供を連れて出陣、負傷していたのでした。

徒歩での鎌倉への道のりは大変だったと思われますが、『蒙古襲来絵詞《もうこしゅうらいえことば》』には、途中の様子はわ

モンゴル軍との戦いで奮戦する竹崎季長　「蒙古襲来絵詞」　宮内庁三の丸尚蔵館蔵　熊本県立美術館『蒙古襲来絵詞展』図録（2001年）より転載

ずかしか描かれていません。長門国赤間関《ながとのくにあかまのせき》では、季長の烏帽子親《えぼしおや》であった守護代の三井季成《みいすえなり》から遊女《ゆうじょ》を招いての歓待を受け、馬と旅費をもらっています。八月十日には伊豆《いず》国三島大明神《みしまだいみょうじん》へ御布施《おふせ》と「弓箭《きゅうせん》の祈り」を願い、十一日は箱根権現に到着して「祈請《きしょう》」を進上しました。その間に「熊野先達《くまのせんだつ》をかの法眼教信《ほうがんきょうしん》」に銭一結《ぜにいちゆい》を渡して「御祈請」をやってくれるよう頼んでいます。

八月十二日、由比の浜にて「塩湯掛《しおゆがけ》」で身体を清め、すぐさま鶴岡八幡宮に参詣して御布施を納めます。そこでも「弓箭の祈請」を捧げています。季長がモットーとする「弓箭の道、先をもって賞とす、ただ駆けよ」と叫んで蒙古軍に突入していった心の内が真によくわかるものではないでしょうか。

だが、中間《ちゅうげん》一人しか連れていない貧相な御家人にとっては、都市鎌倉は厳しい土地でした。訴訟担当の奉行人への面会など手立てがまったくありません。もう「神明《しんみょう》の加護《かご》」しかないと八幡宮に詣でて一心に祈るだけでした。ついに最後の手段で「庭中《ていちゅう》」を行いました。安達泰盛へじかに口頭で訴えたのです。十月三日のことでした。合戦からすでに一年経っていました。

安達泰盛の詮議《せんぎ》は理路整然としたものでした。少弐経資の御注進内容の有無や書下《かきくだし》内容などの確認、さらには幕府恩賞事例での先例の有無をも的確に季長に質問していきます。季長は、「先駆《さきが》け」の功績を「君」＝将軍の見参《げざん》に入れることがその願いだと執拗《しつよう》に答えています。

翌四日、安達邸に呼ばれます。そこに仕える切れ者の肥前国御家人の中野《なかの》氏から泰盛が季長のことを「奇異《きい》の強者《つわもの》」と受け止め、後日の幕府の御大事にも役立つ者だと評価していると伝えられます。

十一月一日、安達泰盛は季長一人だけを呼び、将軍が季長には直接に下文を渡せといわれた、と伝えます。他の多くの御家人らには大宰府《だざいふ》を経て下賜《かし》されていますので別格の扱いといえます。彼のこだわり＝「君への見参」が叶ったことならば、すぐ帰国し、御大事にそなえたい、と再度返事をしています。そこで泰盛から鞦《しりがい》・轡《くつわ》付きの黒栗毛馬《くろくりげうま》を与えられたのです。季長の強直《ごうちょく》な行動は、あの熊谷直実《くまがいなおざね》とも似たところがあります。君の御大事に駆けつける意思を最後まで表明した季長、それを親身をもって受け止め、じかに下文を受けるように配慮した安達泰盛の大きな度量。これが『蒙古襲来絵詞』を描きださせた要因であり、わずか一人の鎌倉御家人の願いをも受け止めていける幕府要人の存在は、鎌倉時代後期に花開いた「あだ花」といえるのかもしれません。

9 追放される将軍のお袖には〝涙〟、新将軍の奉迎行事には群集する人々の姿

正応二年（一二八九）九月十四日、将軍惟康親王《これやすしんのう》は京都へ上ります。畳表《たたみおもて》を張った、みすぼらしい張輿《はりごし》に乗せられた姿は逆様《さかさま》（後ろ向き）でした。罪人の送りと同じです。御内人飯沼資宗《いいぬますけむね》の指示がありました。侍所の小舎人《こどねり》は御所の寝殿《しんでん》に藁沓《わらぐつ》のまま上がり、御簾《みす》を引き落として将軍を追い立てたのです。飯沼資宗の父は執権北条貞時の内管領《うちのかんれい》（執事）平頼綱（小町殿）です。彼は弘安八年（一二八五）の霜月《しもつき》騒動で安達泰盛一族を滅ぼし、その権勢は主家をも超える勢いでした。都では持明院《じみょういん》皇統が確定し、関東の親王将軍職にも影響が及んでいたのです。

宇津宮辻子《うつのみやずし》御所では女房たちが、主はどこへいくのか、と泣きながら徒歩でついてきます。大名（御家人）らと親しい女房らは、そこの若党《わかとう》などに伴なわれて送られ、心の中で夕暮れ時の別れを惜しんでいたのです。主はまずは佐介谷《さすけがやつ》の北条（政村《まさむら》）邸へ移動させられます。五日目のその日、丑の刻（午前二時頃）が将軍の出発でした。都から鎌倉に来ていた女性二条（大納言久我雅忠《こがまさただ》の女）は、あわててかけつけます。宵からの雨風が次第にひどくなり、魔物が通るのではないかと思われるほどの悪天候でした。時刻通りに出発させようとする侍所の関係者たちは御輿を回しますが、何かあったのか、庭

に担いで移動します。将軍の洟《はな》をかむ音がたびたび聞こえるので、二条は将軍の「御袖の涙」を推《お》しはかっています。父である前将軍宗尊親王《むねたかしんのう》が都に戻されるときの歌があるのに、惟康親王にはこうした和歌がなくて残念だ、とも感想を漏らしています。

代数	名前	父／母	生年／没年	将軍就任年・退任年
初代	**源 頼朝**	源 義朝 由良御前（藤原季範娘）	生：久安三年（一一四七） 没：建久十年（一一九九）	就任：建久三年（一一九二） 退任：建久十年（一一九九）
二代	**源 頼家**	源 頼朝 北条政子	生：寿永元年（一一八二） 没：元久元年（一二〇四）	就任：建仁二年（一二〇二） 退任：建仁三年（一二〇三）
三代	**源 実朝**	源 頼朝 北条政子	生：建久三年（一一九二） 没：建保七年（一二一九）	就任：建仁三年（一二〇三） 退任：建保七年（一二一九）
四代	**藤原(九条)頼経**	藤原（九条）道家 藤原（西園寺）倫子	生：建保六年（一二一八） 没：建長八年（一二五六）	就任：嘉禄二年（一二二六） 退任：寛元二年（一二四四）
五代	**藤原(九条)頼嗣**	藤原（九条）頼経 大宮殿（藤原親能娘）	生：延応元年（一二三九） 没：建長八年（一二五六）	就任：寛元二年（一二四四） 退任：建長四年（一二五二）
六代	**宗尊親王**	後嵯峨天皇 平 棟子	生：仁治三年（一二四二） 没：文永十一年（一二七四）	就任：建長四年（一二五二） 退任：文永三年（一二六六）
七代	**惟康親王**	宗尊親王 藤原（近衛）宰子	生：文永元年（一二六四） 没：嘉暦元年（一三二六）	就任：文永三年（一二六六） 退任：正応二年（一二八九）
八代	**久明親王**	後深草天皇 藤原（三条）房子	生：建治二年（一二七六） 没：嘉暦三年（一三二八）	就任：正応二年（一二八九） 退任：徳治三年（一三〇八）
九代	**守邦親王**	久明親王 惟康親王娘	生：正安三年（一三〇一） 没：元弘三年（一三三三）	就任：延慶元年（一三〇八） 退任：元弘三年（一三三三）

歴代鎌倉将軍一覧　田中大喜編著『図説 鎌倉幕府』（戎光祥出版）より転載

新将軍の久明親王《ひさあきらしんのう》を迎えるため、大名七人が決まりました。その中に平頼綱と嫡男平宗綱、次男飯沼資宗がいます。彼らは「流され人の上りし跡をは通らじ」と足柄《あしがら》峠越えを選びます。「あまりなること」と心ある人々は、それを非難したのです。

秋の深まる十月、新将軍の鎌倉到着に「若宮大路」は人々で埋めつくされました。鎌倉西側入口の御関所警護人からすでに先陣二・三〇騎、四・五〇騎が過ぎています、と連絡がはいる。直垂姿《ひたたれすがた》の召《めし》次《つぎ》、小舎人二〇人ばかりが走ってきます。そのあとには五・六町も続くほどの大名たちの群れ。その直垂も思い思いのものでした。御簾《みす》をあげた輿に女郎花《おみなえし》を浮き織物にした御下衣《おしたごろも》の姿が見えました。新将軍の久明親王です。その後ろには、木賊《とくさ》の狩衣《かりぎぬ》をつけた飯沼資宗のすばらしい姿がありました。

北条貞時から二条へ、新御所の室礼《しつらい》をみてほしい、と依頼がありました。御所の外向きは御家人比企氏や男衆が整備しています。「常の御所」をみた二条は、御飾りなどほぼ問題なく正式風だと判断しました。ただ、御置棚の立て方や御衣掛《ぎょいがけ》について指示しています。

その後、新御所では、布衣《ほい》を付けた北条貞時、足利貞氏《さだうじ》らが新将軍を迎えての馬御覧行事《うまごらんぎょうじ》など、立派に行われたのです。三日目には山内にある北条貞時の邸宅に御座しています。こうした儀式儀礼を垣間見た二条は、かつて務めていた後深草院御所のことを思い出していたのです。幕府親王将軍の交代という歴史的瞬間を、得宗北条貞時や内管領平頼綱ら、政権中枢の立ち位置から目撃した、都の公家女性・二条。その数奇な体験を『とはずがたり』に感慨込めて記していったのです。

10

北条時政の後妻・牧の方の娘たちは京とのパイプ役になっていた

北条時政《ときまさ》とともに人生を変えていった女性である牧《まき》の方《かた》。政子《まさこ》・義時《よしとき》にとっては義母でした。嘉禄三年（一二二七）正月二十三日、京都四条《しじょう》東洞院《ひがしとういん》にある五女の夫である藤原国通《くにみち》の有栖川《ありすがわ》屋敷内で、時政の一三回忌が行われます。「遠江守《とおとうみのかみ》時政《ときまさ》朝臣《あそん》後家《ごけ》牧方《まきのかた》」が喪主《もしゅ》となり、一堂を建立しました。婿の国通、宇都宮頼綱《よりつな》妻の八女《はちじょ》とその娘が親族として集まりました。さらに冷泉《れいぜい》為家《ためいえ》ら公卿《くぎょう》ら六人、殿上人《てんじょうびと》・諸大夫《しょだいぶ》らが四〇人近くも供養に出席しました。鎌倉から退去し、伊豆に隠遁していたとは思えぬほどの影響力といえましょう。

一週間後、久しぶりの家族再会を喜んだ牧の方は、妊娠中の孫娘冷泉女房（冷泉為相《ためすけ》室）をはじめ、子孫・女房たちを引き連れて、天王寺《てんのうじ》や南都七大寺《なんとしちだいじ》の参詣に出発していったのです。藤原定家《さだいえ》は「良いことではあるが法事のついでというのは穏やかではない。当世の風なのか、親族でさえも教誡《きょうかい》を無視するし、辺鄙《へんぴ》の輩《やから》ならば、なおのことか」と憤慨《ふんがい》し、見下すような様子で日記に書きました。牧の方はその後、十一月にも吉田祭に定家の家を訪れています。久方ぶりの長期滞在で京都見物を堪能していた様子です。

五女の人生模様も注目できます。初婚の相手は、牧の方の将軍擁立計画で殺害された平賀朝雅《ひらがともまさ》でした。つぎの再婚相手が藤原国通で、彼は藤原定家室の異父弟にあたります。牧の方の娘を妻にしたおかげでしょうか、結婚後の官位昇任は早く、蔵人頭《くろうどのとう》になっています。寛元二年（一二四四）には、彼は北条泰時《やすとき》の娘である富士姫《ふじひめ》を猶子《ゆうし》としています。牧の方と泰時との繋がりを強く感じさせます。その後、夫国通の急病や義姉北条政子の危篤などで、京都と鎌倉・伊豆を行き来しています。とくに伊豆滞在は母牧の方への訪問と思われます。

寛元二年（一二四四）七月、五女は夫国通邸で義姉政子の二〇周忌法華八講《ほっけはっこう》を施主として主催し、以後、毎年のように周忌法要を国通邸で行っていったようです。血筋の異なる女姉妹とはいえ、その絆は強かったといえましょう。この邸はのちに法恩寺《ほうおんじ》となっていきます。

七女の夫は自由奔放の公家で、閑院流三条家《かんいんりゅうさんじょうけ》庶子の三条実宣《さねのぶ》でした。母は、後白河院の連絡役である吉田経房《よしだつねふさ》の娘です。定家は彼を「時の美男」と呼び、女性遍歴を詳しく記しています。建仁三年（一二〇三）頃に七女と結ばれます。彼は出世欲が強く、息子公賢《きんかた》にも富裕者《ふゆうしゃ》（権勢者《けんせいしゃ》）と結婚せよと命じ、息子は耐え切れず出家してしまいます。事実、実宣は七女と結婚後、次々に位階を高め、中納言《ちゅうなごん》になっています。建保四年（一二一六）七女の死去の報に義時は軽服《きょうぶく》しています。やはり北条氏身内とは関係が切れていないことを示しています。

八女もまたユニークな人生でした。御家人宇都宮頼綱と結ばれ、娘が冷泉為家の室となっています。

牧の方事件では彼も疑われましたが、出家して鎌倉に異心のないことを表明して許されました。その後は京都での生活が中心となり、和歌の家としても名を上げていきました。嘉禄元年（一二二五）七月、八女は義姉政子の病気に際して関東に下向、死去の報をも定家にしています。報を受けて娘（為家室）もすぐに下向しました。しかし、四七歳になった天福元年（一二三三）、六二歳の松殿師家《まつどのもろいえ》と再婚します。

北条時政の墓　静岡県伊豆の国市・願成就院

老いらくの恋なのでしょうか。でも、前夫頼綱と娘には再婚したことを手紙で伝えています。

九女は坊門信清《ぼうもんのぶきよ》の子忠清《ただきよ》に嫁ぎます。忠清の妹はのちに源実朝《さねとも》の御台所《みだいどころ》になることで有名です。鎌倉輿入れに際し、妹の嫁ぎ先に北条政範《まさのり》（母牧の方）が迎えの警備役で上洛します。こうした北条氏の親族関係が公家世界と鎌倉殿との接点となっていたのではないか、と思われるのです。

義時・政子による父時政の排除は、決して後妻牧の方にとってマイナスにはなりませんでした。公家衆に嫁がせた義理の妹たちを通じて、承久合戦を挟みながらも京都との強いパイプを敷設《ふせつ》していくようにさせていきました。その課題の実行は若き世代の北条泰時が受け継いでいくのです。

11 北条貞時の思い人・播磨局浄泉が産んだ娘に見る、産所・出産・祈禱の風景

正応五年（一二九二）十月二十一日早朝卯《う》の刻《こく》（午前六時頃）、親玄僧正《しんげんそうじょう》の所に急の使者が訪れました。昨夜、播磨局《はりまのつぼね》が産気づいて、殿中《でんちゅう》（貞時屋形）から退出したとのことでした。親玄に御祈禱を願い、法験《ほうげん》があるように願いたい、ということでした。使者の塩飽《しわく》氏は北条貞時の家臣です。親玄僧正は、醍醐寺覚洞院《だいごじかくとういん》・地蔵院主《じぞういんしゅ》、久我通忠《こがみちただ》の子で、貞時の護持僧《ごじそう》となったのです。鎌倉に呼ばれて鎌倉佐々《ささ》目《め》の遺身院《ゆいしんいん》に居を構え、鎌倉密教界でも有名な僧となりました。

播磨局とは、北条貞時の側室です。これより二年前の正応三年五月八日にも難産のため、祈禱が行われたようなのです（『門葉記《もんようき》』冥供《みょうく》七）。こうした経緯を知っている貞時は、親玄に祈禱を頼んだのです。ならば「千手護摩《せんじゅごま》」が良いでしょうと提案、早速始めました。祈禱料なのでしょう、使者は砂《さ》金《きん》二〇匁《もんめ》（「両」のことか。約三三八グラムに相当）を置いていきました。その日、日中の斎《とき》（軽い食事）をとっていると、道律《どうりつ》という貞時の護持僧がやってきて無事にお産が終わったことを伝えますが、「ただし女子だった」と記しています。

翌二十一日にも使者の塩飽氏がやはり七ケ日御修法《みしほ》を務めてほしいと連絡に来ています。二十三日

後醍醐天皇が中宮の出産で祈禱をさせている場面　『太平記絵巻』　埼玉県立歴史と民俗の博物館蔵

には、生まれた「小児沐浴《しょうにもくよく》」が行われました。いわゆる「産湯《うぶゆ》」の民俗行事といえるものです。「湯加持《ゆかじ》」には、佐々目から水瓶《みずがめ》で水が運ばれていったようなのです。本来なら親玄が直接関わるべきなのですが、みな貞時配下が動いていたようでした。他の護持僧もそれを不審だ、と思ったのです。

二十九日には、貞時護持僧の播磨僧都《そうず》頼有《らいゆう》が親玄のもとに直接来て、十一月一日から、殿中で愛染王《あいぜんおう》護摩《ごま》を焚《た》いて祈禱していただきたいと正式に依頼があったのです。親玄はこれを承知して請けています。やはり都の公家僧としての権威をそこに感じられましょう。

十一月一日、祈禱の当日、親玄は貞時と播磨局への「御身固《おんみがため》」をも行い、夜から雪下の「相州邸」に移動しました。祈禱の壇を構える場所

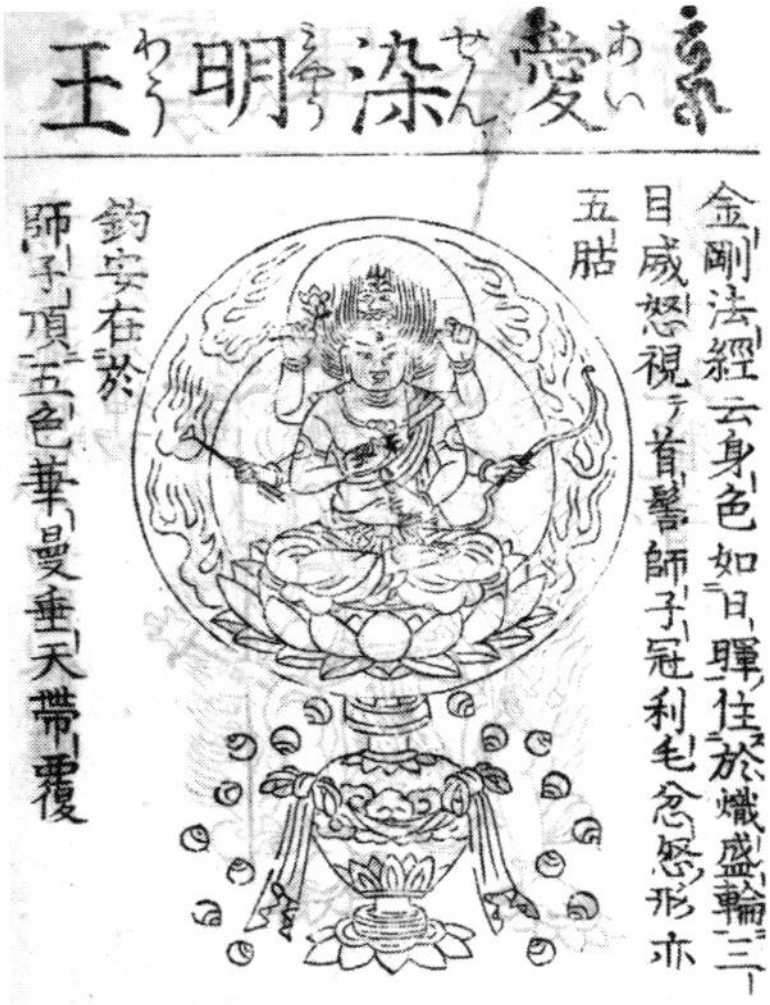

愛染明王像　「増補仏像図彙」　当社蔵

は、貞時邸「檜皮御所《ひわだのごしょ》」に決め、夜遅くから愛染王護摩を焚いていきました。七日目の八日、親玄は殿中を退きます。この祈禱に使用した愛染王護摩とは、金剛薩埵《こんごうさった》の所変した金剛愛菩薩の化身《けしん》を中心に増益《ぞうやく》を祈禱するものでもあります。まさに生まれた御児への祈願といえましょう。そして、このとき使用された「撫物《なでもの》」は、おそらく播磨局と御子女子の紙人形《かみのひとがた》ではなかったでしょうか。これを親玄に届けてくれたのは、やはり貞時御内人の粟飯原《あいはら》太郎《たろう》右衛門《えもん》だったのです。

翌年三月十一日、姫御前への撫物と身固を親玄が行っています。ところが、四月二十二日、大事件が起こります。得宗御内人平頼綱一族が主人貞時によって粛正されました。歴史上、平禅門《へいぜんもん》の乱といわれるものです。四月十三日の永仁の大地震で都市鎌倉はほとんど壊滅状況でした。余震がひどく続く中、頼綱・資宗父子の威勢を嫌う貞時の指示とも、また人心不安感が起こした事件ともいわれています。大町・葛西・経師谷《きょうじがやつ》などの貞時や一門屋敷が放火されました。経師谷では九三人もの死者が出て「大守女子二人同じく死去」と親玄僧正は日記に書いています。

永仁二年（一二九四）四月、播磨局は再び妊娠します。親玄は加持を辞退しますが薦められてしまい、加持の最中でも、貞時は常に親玄の近くにおり、下女たちも内陣障子越《ないじんしょうじご》しに見ていたのです。祈禱は佐々目僧正頼助《らいじょ》とともに行いました。七月には播磨局は宿所に下がって産所としています。この宿所は亀谷の伝「播磨屋敷」なのでしょう（『新編鎌倉志』巻四）。

八月には愛染王護摩で産祈を執っています。この直後、別の産所でも親玄は護摩焚きを行い、翌日に「千代若舎弟誕生《ちよわかしゃていたんじょう》」となりました。九月下旬には、親玄が男子双子の誕生の夢をみます。八幡宮に参篭《さんろう》最中のことでした。雑事役の舞童《まいわらわ》もやはり男子誕生の夢をみています。親玄もそれから何度も産所を訪ねて貞時とも会いました。十月二十一日の二時半過ぎ、女子が生まれたのです。男子を期待した多くの護持僧たち、佐々目僧正頼助、京都から下向してきた医師の丹波《たんば》氏、験者《げんじゃ》、宿曜《すくよう》らが大勢御所に集まっていました。いかに播磨局に男子誕生が望まれていたかがわかるでしょう。十月二十七日、御七夜《おしちや》は貞時山内邸で「誕生女子ノ加持」を親玄が行いました。一か月後、親玄は「思い子でなかったら、夢でも会うことはなかったか」とも和歌に記しています。

後年の元亨元年（一三二一）、出家して浄泉比丘尼《じょうせんびくに》と称した播磨局は、横浜弘明寺《ぐみょうじ》の大堂を禅海《ぜんかい》を施主として修造したと伝わります。執権貞時にひとしお愛された彼女は、育たなかった子たちを供養する後半生を歩んでいったのではないでしょうか。

12 将軍の鎌倉御所へ召し出された御所女房たちの波瀾万丈な人生

朝廷御所で働く女性たち、彼らは官女《かんにょ》・御所女房《ごしょにょうぼ》などと呼ばれています。身分によって上臈《じょうろう》から下臈《げろう》までであり、最下層には雑務を行う、便女《びんじょ》・美女《びんじょう》、さらには彩《いろどり》としての女童《めのわらわ》などがありました。御成敗式目では「関東祗候《しこう》の女房」と規定されています。

鎌倉の御所でも、頼朝は官女制を持ち込んでいます。彼自身も十代初めまで朝廷に仕えていたので、そのあり方はよく知っていたのでしょう。御家人の妻や才芸に優れた女子、白拍子《しらびょうし》や舞女《まいじょ》などが御所に召し出されています。

『吾妻鏡』に最初に見える女房は白拍子の「千手前《せんじゅのまえ》」です。囚われの平重衡《たいらのしげひら》に理に適《かな》う対応を行い、頼朝をはじめ、衆人の称賛を浴びています。彼女は駿河国手越宿《てごしのしゅく》の長者の娘といわれ、初めは頼朝付きとなりました。重衡の処刑後には政子付きの女房となり、終生、重衡を慕っていたことから政子は貞女《ていじょ》の鏡と讃《たた》えました。

頼朝付きの官女「大進局《だいしんのつぼね》」は、藤原時長《ときなが》または伊達常陸入道《だてひたちにゅうどう》の娘といわれていますが、庶子貞暁《じょうぎょう》を生んだために政子から酷《ひど》く憎まれてしまいます。そのため頼朝は密かに深沢《ふかざわ》に匿《かくま》わせ、のちに高野山《こうやさん》に入れています。その後、政子から跡継ぎを所望されますが、自ら目を突いてこれを拒否しています。大進局は伊勢に所領を与えられ、貞暁の出世を願っていましたが、貞暁は母に先立って亡くなりました。藤原定家も彼女のことを不運の女性と同情しています。

頼朝付きの「姫前《ひめのまえ》」は格別です。その恩顧は並ぶものはなく、顔だちも美しく、才色兼備《さいしょくけんび》の女房で比企朝宗《ともむね》の娘です。なんと北条義時が彼女に惚れ込み、それを知った頼朝は義時に離縁はしないという起請文《きしょうもん》を書かせて嫁がせています。

鎌倉時代の女房の姿　「日本歴史参考図」より転載

後日談に、次男朝時《ともとき》がやはり御所女房に懸想文《けそうぶみ》を寄せて誘い出したことを知った父義時は、彼を義絶《ぎぜつ》して駿河へ追放していいます。自分の過去を棚に上げての処分でした。かつて源氏一門の安田義資《やすだよしすけ》が頼朝の官女に懸想文を出したことで、激怒した頼朝は彼を梟首《きょうしゅ》してしまいます。官女、つまり御所女房とは、将軍の「所属物」という意味合いが強いものなのでしょう。

政子付きの女房「阿波局《あわのつぼね》」も側近として、また乳母《うば》として活躍します。彼女は政子の妹であり、頼朝の異母弟義《いぼていよし》経《つね》の兄にあたる阿野全成《あののぜんじょう》の妻でした。次男実朝《さねとも》の誕生に際しては乳付役《ちつけやく》・乳母として仕え、夫の全成が乳母夫《めのとふ》となりました。御台所政子を背後から支え、頼家謀反のおり、全成は殺されますが、政子は阿波局の嫌疑を晴らして助けています。御所女房や乳母としての力量が夫婦関係を超えて評価され、その職が自立していたらしいのです。安貞《あんてい》元年（一二二七）、『吾妻鏡』は彼女の死を記録しています。

「駿河局《するがのつぼね》」も御台所政子付き、申し次ぎとして長く活躍した官女です。侍所別当である和田義盛《わだよしもり》の強盗処置に関与して政子から咎《とが》められていますが、その後の伊賀氏《いがし》事件では御台所とともに三浦義村《みうらよしむら》邸に赴き、直談判で北条泰時への忠誠を誓わせています。執権義時の死後、後室《こうしつ》伊賀方の情勢や御家人らの動きなどを泰時に伝えています。女房申し次ぎとしての職務が「表向《おもてむき》」（ハレ）とは異なる「内向《うちむき》」（ケ）の重要性を示していることがわかります。政子の死後、「駿河局」は御所を退き、比企谷に居を構えます。実朝もここを訪ねています。こうした丁重な扱いは、彼女の果たしてきた役割の大きかったことを暗示しているのではないでしょうか。

女房「大弐局《だいにのつぼね》」は、甲斐国の武士小笠原《おがさわら》（加賀美《かがみ》）遠光《とおみつ》の娘で「源氏大弐殿《げんじだいにどの》」といいます。金沢称名寺光明院《しょうみょうじこうみょういん》から見つかった運慶作「大威徳光明像《だいいとくこうみょうぞう》」は、彼女が建保四年（一二一六）十一月に将軍実朝の持仏堂《じぶつどう》整備と頼朝の菩提供養のために造立したことは有名です。彼女は文治四年（一一八八）、七歳の頼家の世話係となり、頼朝から直に名前「大弐局」を与えられ、「糸所《いとどころ》別当」を命じられています。この後、「上野局《こうづけのつぼね》、下総局《しもうさのつぼね》」「近衛局《このえのつぼね》」とともに実朝の世話役となっていきます。「大弐局」と「因幡局《いなばのつぼね》」は建保元年（一二一三）の和田合戦で没収した土地を与えられるほど、将軍家から優遇されていたのです。

さらに御所女房は幕府の「染殿《そめどの》」「縫殿《ぬいどの》」などの別当《べっとう》になり、将軍一家の衣服を調整しています。「上野局」は頼朝夫妻から四回も「染殿別当」（長官）を命じられ、京都下りの「三条局《さんじょうのつぼね》」（越後法《えちごほっ》橋範智《きょうはんち》の娘）などは、実朝暗殺後に公暁《くぎょう》の後見であった備中阿闍梨《びっちゅうあじゃり》の「雪ノ下屋地」を所望し拝領しています。その理由は、冷水を湛《たた》えた土地で「染殿別当」としての「便《びん》」（染物用の冷水）があるからということでした。まさに積極的に職務に励む「キャリアウーマン」といえましょう。寛元二年（一二四四）に尼となっていた彼女が亡くなりますが、『吾妻鏡』は「宮中の古義を存じ、ことに要須なり」と記し、人々は彼女の死を惜しんだ、とあります。鶴岡八幡宮境東側一帯は政所《まんどころ》跡ですが、側溝の跡から分厚くたたまれた平織り墨染の麻布が出土しています。染物を生産する工房も付属していたことがよくわかります。

なお、朝の側近で知られる中原親能《なかはらのちかよし》の養子大友能直《おおともよしなお》の娘たちも御所女房を務めていました。源氏三代以降、摂家将軍・親王将軍時代に至り、御所女房は京都からもたくさんやってきました。しかし、彼女たちの活動はもっぱら将軍夫妻を取り巻き、御所の荘厳《しょうごん》を盛り立てる役目に変わっていき、縫殿や御所雑事などの身辺雑事さえも男性が務めるようになっていきました。将軍家の権力衰退と執権・得宗権力の進展などと関係していることは明らかでしょう。

13

鎌倉の住人は、遠近の御家人に「旅籠振舞」をさせ、酒食や引き出物を貪っていた

都市鎌倉には、武士以外に多くの人たちが生活していました。仁治元年（一二四〇）三月、幕府が出した法令（追加法一三一～一三二）には「町人《ちょうにん》」「道々輩《みちみちのやから》《ともがら》」、「侍所雑仕《さむらいどころぞうし》・小舎人《こどねり》・朝夕雑色《ちょうじゃくぞうしき》・中《ちゅう》（仲）間《げん》・贄殿執当《にえどのしっとう》・雑仕《ぞうし》・守殿《しゅでん》」などの人びとがみえます。前者の人たちは鎌倉に在家があり、文書作成や必要物品などの準備を仲介する人といわれます。また、鎌倉に来た訴訟人への口入などを取り持つ人でした。後者の人たちは、幕府侍所に属する下働きの職員で、準公務員ともいえましょう。彼らは、正月や決まったとき以外には、鎌倉の「諸人宿所」を訪ねていくことは禁止されています。でも「奉行人のもとにいくのは構わない」とあることがその背景を教えてくれます。つまり、訴訟などの仲介に便宜を計るような行為が警戒されているのでしょう。

さらに来鎌する人たちは、鎌倉に「屋敷」をもつ者以外は宿所を確保しなくてはなりませんでした。警備担当の侍所に所属する彼ら下働きの者たちがこうした来鎌者の情報を目ざとく掴《つか》んで、その宿所に押し掛けることがたびたびあったと思われます。実は、鎌倉には「旅籠振舞《はたごぶるまい》」という変わった風習がありました。遠近の御家人が訴訟や番役所用などで都市鎌倉に入ったとき、旅籠で酒食や引出物を

用意させて「群飲《ぐんいん》」する習わしでした。侍所の雑仕以下の者たちが、鎌倉への立ち入り御家人をさっそく見つけ、そこにおしかけることは十分にありえることでした。

時の権力者北条氏であっても例外ではありませんでした。なんと鎌倉雪ノ下二丁目の北条時房・顕時邸跡から墨で「はたこふるまい」と書かれた折敷《おしき》が見つかりました。北条（赤橋）顕時の赤橋鳳亭《おおとりてい》も近くです。とくに顕時は北条氏の常盤《ときわ》・名《な》越流《ごえりゅう》などの有力者や安達・足利・千葉氏などとも親密な関係を持っていました。それだけ、彼の鎌倉屋敷にはたくさんの人が集まって来ることが多かったのでしょう。それこそ、「鎌倉中」といって鎌倉を本籍地とする在住御家人、また先に到着していた御家人、鎌倉在住の知人や侍所雑仕以下、下級の役人が北条邸を「旅籠」とみなし、押し掛けて「群飲」し、帰りには「引出物」を貰って帰還したのでしょうか。そんな想像をしてしまいます。幕府北条氏といっても無下《むげ》に禁止はできないのでしょう。だから、追加法でも客への饗応は簡略にして過分はいけない、と消極的な表現に止まっています。

このことは「垸飯役《おうばんやく》」の事例でもわかります（追加法三六二号）。

現代に残る旅籠の風景　写真提供：馬籠観光協会・岐阜県中津川市

「垸飯」とは、提供者の御家人が「傍輩《ほうばい》」らをもてなすことであって、提供する本人は表に出ないことが原則です。その負担も百姓に転嫁せず、自己負担で行うものでした。でも豪華な食物や高盛《たかもり》が用意されるようになっていたのです。とくに政所・問注所《もんちゅうじょ》・小侍所小舎人・御厩力者《みまやりきしゃ》らが酒肴をゆすって、正月の間、毎日それを鎌倉在住の御家人に要求するようになっていたようなのです。幕府北条氏は、それを停止できず、正月三ケ日のみやってよい、としています。幕府と御家人らが使用人らに足元を見られているような状況ではないでしょうか。

建長六年（一二五四）頃とされていますが、鎌倉の御家人である千葉氏の屋敷を預かる代官（被官）長専《ちょうせん》の場合も鎌倉在住の下級職員たちから責めさいなまれていることが知られます。幕府直轄地の武蔵国千束郷《せんぞくごう》（台東区千束）からの年貢が鎌倉に到着すると、鎌倉「御所方」の俸給として早く払えと催促して責める状況でした。つまり彼は、主人の下総守護千葉氏が幕府から管理・徴収を任され、その年貢が運びこまれる鎌倉の千葉屋敷倉管理人ともいえる立場であったようです。彼のところには「金の責め使い」三人が始終催促にきており、千束郷の「請使《うけし》」（催促代理人）も数十人があらたに屋敷地周りに取りついていると嘆いています。長専は身の不運を嘆きながらも、富木《とき》常忍《つねのぶ じょうにん》に主人千葉氏にその実情を披露してほしいと嘆願しています（中山法華経寺蔵天台肝要文紙背文書）。鎌倉の御家人たちは、現代人が考えるほど羽振りが良かったわけではないようです。

14 三つ子誕生！　珍しかったこの事例に幕府の民政がとった対応

貞応二年（一二二三）九月、都市鎌倉の横町あたりに住む下女《げじょ》が「三つ子」を生みました。これを聞いた幕府の「有職」（過去の事例や事件・先例を調べるため、その職務を務める職員）が「官庫《かんこ》から衣食と養育費用をその親に賜るのが習わしですと、『国史《こくし》』には乗せられています」と申し上げてきました。

これを聞いた尼御台所《あまみだいどころ》（北条政子）は、国雑色《くにぞうしき》三人をその下女のところに遣わし、三人の子をよく育てるようにと申し置き、さらに衣食を与えるようにと指示を出しています。鎌倉の横町とは、現在の鶴岡八幡宮赤橋前から宝戒寺《ほうかいじ》に向かう東西道を「横大路」と呼んでいる付近に当たります。とくに民政などを担当する部署が幕府政所《まんどころ》であり、ちょうどこの道路に面して北側に政所の建物があったことは、これまでの発掘で明らかとなっています。幕府の「有職」たちにこうした情報がすぐに入ったことも、彼らのいた場所が政所であったからではないでしょうか。

鎌倉時代以前では、「有職」は「ゆうしょく」「ゆうそく」「ゆうそこ」などと言い慣わされており、中世では「ゆうしょく」と読むのが普通でした。幕府の経済的物資の保管・出納《すいとう》などに関して取り仕切る役所「政所」とかかわりが深い役職です。

では、『国史』に載せられている先例とはどのようなものなのでしょうか。『続日本紀《しょくにほんぎ》』天平五年（七三三）九月丁亥《ひのとい》（二十三日）条に「遠江国榛原《はいばら》郡の君子部真塩女《きみこべのましおじょ》が一度に三人の男の子を生んだ。大税《たいぜい》二〇〇束、乳母一人を賜った」と記事があります。稲一束は古代では大升《だいしょう》で一升に当たりますが、かなりの量です（『大日本古文書』①周防国正税帳《しょうぜいちょう》）。さらに乳母も一人下賜しているので、手厚い保護といえましょう。現代でも「多胎児」を持つ親はまことに苦労の連続ともいわれ、社会問題化しています。

北条政子の配慮で、すぐに保護の手が差し伸べられた鎌倉横町の「三つ子」は、不幸にも翌日には「傷死」となった、とあります。おそらくは「難産《なんざん》」だったのではないでしょうか。

都の公家である三条実躬《さんじょうさねみ》も伊勢の国で生まれた「三つ子」の女子と邸宅で会っています。母親は三歳まで育った女子を召し使い童《わらわ》として雇ってほしかったようで、尚侍藤原《ないしのかみふじわらの》瑣子（一条実経《いちじょうさねつね》の娘）の紹介状を持っていたとあります。後二条天皇《ごにじょうてんのう》もその噂を掴《つか》んでおり、「凡そ三つ子生まるる事、その村、此事を奏するの時、官食を充て下さるの由、世称する所かの由、沙汰あり」と担当が早速に先例を調べて準備をしていました。後宇多上皇《ごうだじょうこう》は西御所《にしごしょ》御縁に「三つ子」を召し寄せてご覧になりました。さらに遊義門院《ゆうぎもんいん》姈子《れいし》内親王《ないしんのう》からも召され、小服を賜ります。

多胎児が三歳まで成長したということは、寿福《じゅふく》と豊穣《ほうじょう》の願いの象徴でもあったのでしょう。当時にあってはとてもおめでたいことだったのです。

でも実際に、院や女院、三条実躬自身は「三つ子」をどのようにみていたのでしょうか。「かの少子の躰、その面すこぶる鬼の如し、事において異相なり、早く本国に下し養い育て立つべきの由、仰せ下さると云々」と日記に記しています。恩賜が下されたのだから早く帰れと言わんばかりの扱いです。結局、その「三つ子」は宮廷雑仕の職にはありつけなかったようです。同時に「東国」には「如鬼」がまだいるのか、という蔑視観《べっしかん》が見受けられるのです。

先の『吾妻鏡』の記事でも、実は「三つ子」の誕生がマイナスな事象とみられていたようです。貞応二年という年は、月蝕《げっしょく》や地震、はては将軍家若君の御衣が鼠《ねずみ》に食いちぎられたり、後高倉上皇《ごたかくらじょうこう》の死、太白星《たいはくせい》の特異な動き、そして「三つ子」誕生の記事、その直後に起きた和賀江《わかえ》付近の大火事など「これ近日連夜、天変出現の故なり」と記録されています。幕府では、すぐに鶴岡弁僧正定豪《べんのそうじょうじょうごう》に愛染明王護摩《あいぜんみょうおうごま》を焚かせ、さらに北斗《ほくと》・属星祭《ぞくしょうさい》・歳星祭《さいせいさい》・七座泰山府君祭《しちざたいざんふくんさい》などの祈禱を僧と陰陽師らを総動員して行わせているのです。

こうしてみると、「三つ子」の誕生も、この時期の幕府当事者にとっては、おめでたいことではなくて、為政者への不可解な警告の一つとみえたのでしょう。それにしても鎌倉横町の下女の落胆は大きかったのではないでしょうか。

15 武士の郎従よりも闘乱や殺人を犯す、鎌倉の僧侶の暴れん坊従者たち!!

鎌倉が町として整ってくると、いろいろな人が集まってきます。なかでも「僧徒《そうと》の所従《しょじゅう》」がいつも乱闘に及び、殺人も犯すというのです。「武士の郎従《ろうじゅう》」であってもこのような狼藉《ろうぜき》には及ばないのに、と執権の北条泰時《やすとき》はかなり怒っている様子でした。鎌倉大御堂執行《おおみどうしぎょう》・若宮別当《わかみやべっとう》・大夫法橋《たいぶほっきょう》・勝長《しょうちょう》寿院《じゅいん》大蔵卿《おおくらのきょう》僧正《そうじょう》らに個別に命令書を送っています。仁治三年（一二四二）のことでした。

これらの寺社は頼朝が建立した由緒あるものですが、すでに僧侶の世界でも秩序が乱れ始めてきているのです。どうやらこれら有力寺社では、好んで「武勇調わざるの輩」を召し使って、とくに注意や禁止もまったくやらない様子でした。彼らの実態は、僧の子・供の侍・中間《ちゅうげん》・童部《わらわべ》・力者法師《りきしゃほうし》などからなっていたのです。童部とは、児童（子）ではなくて元服を済ませていない大人のことです。また、三昧僧《さんまいそう》なども破戒行為の酒宴を好んで行っている状況も見えるのでした。

「僧徒の所従」は「僧徒の従類《じゅうるい》」ともいいかえられていますので、同じ類の者たちです。彼らが武装する剣刀《けんとう》は、侍所の小舎人《こどねり》が取り締まりを行うこととなり、没収して大仏に施入するという規定が北条泰時から改めて付け加えられています。鎌倉では、これを契機に僧侶の所従と武士の郎従に、剣刀の所持で区分をつけていったとみられます。それにつけても鎌倉町中の僧侶たちの質も落ちてきた様子がうかがえます。それだけ都市として熟してきたことを感じさせるものではないでしょうか。

成熟度ではさらに上手の、京都の僧侶を紹介しましょう。承元二年（一二〇八）のことですが、公覚法師という僧は、文書の偽造（謀書）や詐欺（横謀）を働くことを生業としていたといいます。少しでも悪事の収入があれば、遊びに使ってしまいました。

今回も義成というものから謀書で本物の証文をだまし取り、運悪く捕まってしまいましたが、これ幸いという顔でした。獄舎では食べ物に困らないから助かるとばかり、平気でした。逆に役人の検非《けび》違使《いし》たちが苦労ばかりして、かえって迷惑であるといわれていました。この話を聞いた藤原定家は、このような者は追放処分にするように、と申請書を出してきた、と日記『明月記』に記しています。

「春日権現験記」に描かれた僧兵の姿　国立国会図書館蔵

京都も鎌倉も、時代が進むにつれて、人もさまざまな姿で活動しはじめます。尊い仏の教えを人々に解いて導きを与えるべき僧侶もまた、堕落し始めていることは否めません。ましてや郎従たちを諭し、従わせるべき立場の、知識僧たちでさえもその力が衰えているのでしょうか。新進気鋭の北条泰時が都市鎌倉の直轄寺社トップに命令書を送った気持ちがよくわかります。

16 幕府将軍や得宗家の吉凶を占い重用された鎌倉の陰陽師

「式神《しきがみ》」を自由自在に使い、禍《わざわい》を除いていく安倍晴明《あべのせいめい》。あの陰陽師《おんみょうじ》の末裔《まつえい》たちは、鎌倉時代はどんな活躍をしていたのでしょうか。源頼朝は伊豆の代官山木兼隆《やまきかねたか》を討つ際に佐伯昌長《さえきまさなが》に「天曹地府《てんそうちふ》祭《さい》」を、大中臣頼隆《おおなかとみのよりたか》に「千度祓《せんどばらい》」を依頼、頼朝自身は「鏡」を撫物《なでもの》として彼に授けています。佐伯氏は兄昌助《まさすけ》が筑前住吉社《ちくぜんすみよししゃ》の神職でした。元暦元年（一一八四）には、頼朝は木曽義仲《きそよしなか》の祈禱師である安倍季弘《すえひろ》の官職停止を朝廷に要請し、後白河院から承認を得ています。この安倍氏が京都陰陽師の本流でした。文治元年（一一八五）には頼朝は義経に加担した陰陽師らを追放するようにと要請しています。頼朝の時代には、陰陽師は佐伯氏の活動が中心に行われていたことがわかります。

建久六年（一一九五）、鎌倉に安倍資元《すけもと》から太白星変《たいはくせいへん》の勘文《かんもん》が送られてきました。鎌倉に安倍氏がはじめて連絡を取ってきたのです。これまで京都陰陽師の安倍氏一門が平氏滅亡後の朝廷や貴族たちへの祈禱をこなしながら、官位を得つつ活動していました。しかし、嫡流家の泰親《やすちか》流に押されて活動や官位昇進も滞るようになってきたのです。次第に京都陰陽師の庶流たちが新天地鎌倉をめざしてくるようになりました。建永元年（一二〇六）、庶流の宗明流で資元《すけもと》の子惟範《ただのり》が鎌倉に下向し、将軍に祈禱を命じられています。また承元四年（一二一〇）、嫡流安倍泰貞《やすさだ》も実朝御所で属星祭《ぞくしょうさい》を奉仕しています。彼は実朝将軍夫妻の祈禱師となっていました。建暦二年（一二一二）以降も庶流親職《ちかもと》や嫡流泰貞《やすさだ》がならんで将軍家の天地災変祭、鬼気祭《きけさい》などを務めています。でもこの頃までは、一時的に下向してくる嫡流の京都陰陽師がその上席として鎌倉でも指導的な立場にいたのです。承久合戦後には、庶流の国道《くにみち》が京都陰陽師や地相人《ちそうにん》・宿曜師《すくようし》らの理論を越えて活動力を増してきます。摂家将軍頼経の下向に従い、幕府御所地の吉凶《きっきょう》相地や四角四境祭《しかくしきょうさい》などを鎌倉に導入定着させていきました。

しかし、寛元の政変により将軍頼経派の陰陽師や僧が京都に逐われ、体制は一変します。京都から下向してくる陰陽師ではなく、鎌倉在住の陰陽師が中心となっていきます。その後も鎌倉に住んだ泰貞・親職・宣賢《のぶかた》らの子孫が活躍していくようになるのです。なかでも親職とその子孫が北条得宗家の祈禱などを行っていくようになりました。北条政子の葬儀も親職自身が行ったりしています。彼は陰陽師として『吾妻鏡』に唯一死去の記事があり、その官位が「前陰陽権助正四位下《さきのおんようごんのすけしょうしいげ》」でありました。これ以降は、ほぼ親職の子孫たちが鎌倉幕府の専属陰陽師となっていきます。なお、陰陽師の変わり種では惟宗文元《これむねのふみもと》・文親《ふみちか》父子がいます。でも建長年間（一二四九〜五六）以降は安倍氏の勢力に阻《はば》まれ、元の祐筆《ゆうひつ》専門方に戻っていきました。鎌倉陰陽師は、幕府将軍・北条氏らの吉凶を占い、生死にかかわる災害や変事を読み取り、彼らの政治とその一生を支えていきました。その意味では陰陽師は、かけがえのない存在だったといえましょう。

17 京都にいるのに、「鎌倉殿」と呼ばれた室町幕府二代目将軍・足利義詮

この問題は、実は室町幕府ができあがる時期に起こったことでした。鎌倉幕府の時代では、「鎌倉《かまくら》殿《どの》」と名乗る者は将軍しかいません。すなわち「鎌倉殿」＝「将軍」です。鎌倉以外の「地域」にいる彼の子どもや継承者であっても、これを名乗ることはなかったのです。ところが、足利尊氏の子どもたちは「鎌倉殿」を名乗っているのです。

当時の公家たちは、足利氏一門を「将軍」・「鎌倉殿」、もしくは「鎌倉○△」などというように明確に呼び分けておりました。南北朝初期の「将軍」とは、足利尊氏のことであり、「鎌倉殿」とはその子足利義詮《よしあきら》を指しています。この義詮の場合は、京都の三条《さんじょう》に屋敷を持っていたので「三条殿」ともいわれ、さらには「鎌倉佐馬頭《さまのかみ》」「鎌倉宰相中将《さいしょうちゅうじょう》」とも呼ばれました。また、足利基氏《もとうじ》もまた「鎌倉三郎《さぶろう》」と呼ばれました。しかし、尊氏については「将軍」以外にはありません。つまり、京都で政治を執る足利義詮が「鎌倉殿」であり、彼は「鎌倉」にはいないのです。彼は、貞和《じょうわ》五年（一三四九）八月の上洛以降にそれを名乗ります。そして「将軍」さえも京都にいたのです。これはまさに「将軍」と「鎌倉殿」の概念が分離・改変し始めていることを示しています。

では、「将軍」足利尊氏はいつからその職に就いたのでしょう。建武二年（一三三五）から五年までは本来補任《ぶにん》すらされていないのに「将軍」「将軍家」と自称しています。建武政権下、後醍醐天皇との政治的路線の決裂のあと、彼はその呼称をはく奪されています。ところが、北朝からは暦応《りゃくおう》元年（一三三八）に正式に「征夷大将軍《せいいたいしょうぐん》」の宣下《せんげ》がなされています。

当時の社会では、「将軍」足利尊氏を「武家」と呼び、将軍宣下の有無にかかわらず、武士の政治的勢力の集団と認知されていたことは明らかでしょう。こうした歴史的な背景を活用して尊氏は新たな政権の政治表現として「将軍」と「鎌倉殿」の使い分けを考えていったのでした。すなわち「鎌倉殿」とは、「将軍」を上に置き、幕府で具体的な政治を行いつつ、将来の京都で「将軍」に就任する予定者と位置づけなおしたのです。

しかし、こうした政権の継承論理は長く続きませんでした。「鎌倉という地域に、再び「鎌倉殿」が生まれていきます。「鎌倉公方」の存在です。それは室町幕府政権の政治倫理の転換ともいうべきものなのではないでしょうか。「鎌倉」を冠する呼び方は、やはり現地「鎌倉」がふさわしい、というのが当時の考え方の大勢ではなかったのではないでしょうか。

足利義詮画像　京都市・宝筐院蔵

18 幕府の法令「貞永式目」。後世の公家・武士・江戸庶民にまで与えた影響力

貞永元年（一二三二）八月十日、幕府は歴史に残る法令を発しました。世に「御成敗式目《ごせいばいしきもく》」というものです。全五一か条からなるもので、法令に明るい幕府評定衆の太田康連《おおたやすつら》・矢野倫重《やのともしげ》・斎藤浄円《さいとうじょうえん》（定長《さだなが》）・佐藤業時《さとうなりとき》らが編纂・作成したといいます。その呼び方を初めは執筆者が「式條《しきじょう》」としていました。泰時は仰々しきことだとして「式目」と改めたと、京都の六波羅探題で弟の北条重時《しげとき》に伝えています。二通にわたる泰時の手紙から、その作成意図がわかります。将軍頼朝以来の歴代にわたり、とくに残すべき「法令」などもなく、ここに改めて「土民安堵の計り事」を行うために作成したといいます。この行為についても、京都の公家たちから「物を知らない夷戎《えびす》どもがかき集めたこと」といわれるかもしれないとへりくだっていますが、内心には誇りをも感じられます。また「この式目は只かなをしれる物の世間におほく候ごとく」と、はじめは仮名で記されたこともうかがわれます。

「式目」の基本的な考え方は、「道理」にあると言い切っています。つまり、これまで日常的・慣習的に行われてきた道徳的・法的行為を現実に合わせて修正してまとめていったのでしょう。そうはいうものの、編目や条文に公家法の影響があることは研究史が明らかにしています。

承久合戦から十一年目にあたるこの時期、京方として没収された地頭《じとう》・領家《りょうけ》の土地問題として幕府への訴訟がこれ以前から続いていたことは多くの史料が語っています。それだけに泰時は朝廷・公家とは、適用範囲を別にしてかかわらないものであることを強調していますが、その後の歴史はそのようにはならなかったことは周知のことでしょう。

文永年間（一二六四〜七五）作成の冷泉家《れいぜいけ》蔵「新古今和歌集《しんこきんわかしゅう》」紙背文書《しはいもんじょ》にこんな記述がみえます。「武家五十一ケ條について御同心《ごどうしん》の院宣《いんぜん》を出された（後堀河天皇《ごほりかわ》）がおられる」と聞いた何某が「自分はしかるべき奉行人を知らないので、長井殿のもとに問い合わせ連絡して書き写してほしい」と禅忍《ぜんにん》に頼んだ内容です。六波羅探題の評定衆長井氏周辺ではすでに公家衆たちもこの「式目」に注目し、その条文を入手しようとしていたのです。『吾妻鏡』でさえ、この「式目」が「関東の鴻宝《こうほう》」として奈良時代の藤原不比等《ふじわらのふひと》が作った「律令《りつりょう》」に並ぶものだと位置付けているほどです。

六波羅奉行人の斎藤唯浄《さいとうゆいじょう》が永仁四年（一二九六）に作成した「関東御式目」では、泰時が崇徳院《すとくいん》の生まれ変わりであり、だからこそ承久合戦の勝利以降の業績と「式目」制定が「神妙《しんみょう》」（超人的で神のような働き）なのだ、と記しています。のちに『神皇正統記《じんのうしょうとうき》』に語られる思想となる、泰時の「式目」と彼自身への神格化がこの頃から形づくられていくのです。嘉禎四年（一二三八）、尼《あま》の光蓮《こうれん》は「この五十一箇条にも、所領は親の心に任すべき由がみえます」と記しています（歴代秘録紙背文書《れきだいひろくしはいもんじょ》）。式目が作られてから六年目でした。泰時は手紙のなかで述べていますが、諸国の守護に「式目」を配布し、さらに国内の地頭御家人に伝えられたことは事実と考えられましょう。

南北朝時代の康永三年（一三四四）に、山城西岡《やましろにしのおか》では寂照院《じゃくしょういん》の仁王像胎内《におうぞうたいない》に造立者の名が「式目」写本の裏に記されて納められていました。「式目」が仏への裏切りがないようにと、畏敬の対象にもなっていることを示すといえましょう。室町時代の寛正四年（一四六三）、備中国新見庄《にいみのしょう》地頭の家では、「庭訓往来《ていきんおうらい》」「字画《じかく》」のほかに「式条本」が常置されていました。その「式条本」は、知識人としてのステータスシンボルとなっていたのかもしれません。

文明十一年（一四七九）、公家の壬生晴富《みぶはれとみ》は「貞永式目」に「和奸強奸《わかんきょうかん》の儀《ぎ》」（三四条）があり、本文は「律」に基づいていること、そして『吾妻鏡』にもあるようですが、と相国寺《しょうこくじ》競秀軒の東周興文師に伝えています（晴富宿祢記紙背文書《はれとみすくねきしはいもんじょ》）。該当項目は「密懐他人の妻罪科事」（建長四年十月十四日）の記事でした。どうやら妻が怨恨《えんこん》による殺人事件に巻き込まれた様子で問い合わせをしたようです。

中世後期の公家社会では、「式目」の注釈本がいくつも作られ、それは「注釈家」を生み出していきました。鎌倉鶴岡八幡宮にも「式目」写本が伝わっており、鎌倉公方の足利成氏《あしかがしげうじ》配下の武蔵武士で「関東安保流《かんとうあぼりゅう》」の祖である安保氏泰《うじやす》などはそれを参照しています。

近世の『醒睡抄《せいすいしょう》』には「式目」第一条の「祭祀」を「妻子」ともじって妻が夫をやり込める笑い話があります。江戸庶民はすでに「式目」を手習いの書として日常親しんでいたことが知られます。ここにいたり「式目」は庶民の書となっていったのです。

19 『吾妻鏡』の数奇な伝来。当初、読めたのは限られた幕府関係者のみ

中世「鎌倉」の歴史を知るには『吾妻鏡《あずまかがみ》』が一番の手引書です。でも、誰が、何の目的で、どのように作ったのか、それを語るものはありません。徳川家康《とくがわいえやす》も愛読していたことは有名です。東国最後の戦国大名である小田原北条氏は、その氏を伊勢から北条にかえるほどですので、当然その本を持っていました。秀吉の小田原攻めで降伏交渉役として面談した黒田官兵衛《くろだかんべえ》に、心づくしの品として贈られた「北条本吾妻鏡《ほうじょうぼんあずまかがみ》」がそれです。官兵衛の息子である長政《ながまさ》から徳川秀忠《ひでただ》に献上され、江戸城《えどじょう》紅葉山文庫《もみじやまぶんこ》・内閣文庫《ないかくぶんこ》・国立公文書館《こくりつこうぶんしょかん》と、今に伝来してきました。

慶長《けいちょう》十年（一六〇五）、家康は諸本を整理させて『慶長古活字本東鑑《けいちょうこかつじぼんあずまかがみ》』を出版します。さらに幕府儒者《じゅしゃ》の林羅山《はやしらざん》は『東鑑』を執筆し、原本の編纂者は鎌倉幕府評定衆出身の三善《みよし》氏子孫の町野《まちの》氏ではないか、と推測しています。寛永《かんえい》三年（一六二六）には、寛永判『東鑑』が最初に出版され、以後再版が出ています。江戸時代を通じて、多くの大名やその家臣ら武士層に読まれていきました。

『吾妻鏡』とは、「あづま」つまり東国をさす言葉です。武士政権を鎌倉に初めて立ち上げ、以後一五〇年にわたって日本の政治を進めていった鎌倉幕府の事績が記された「鏡」であったのです。江戸

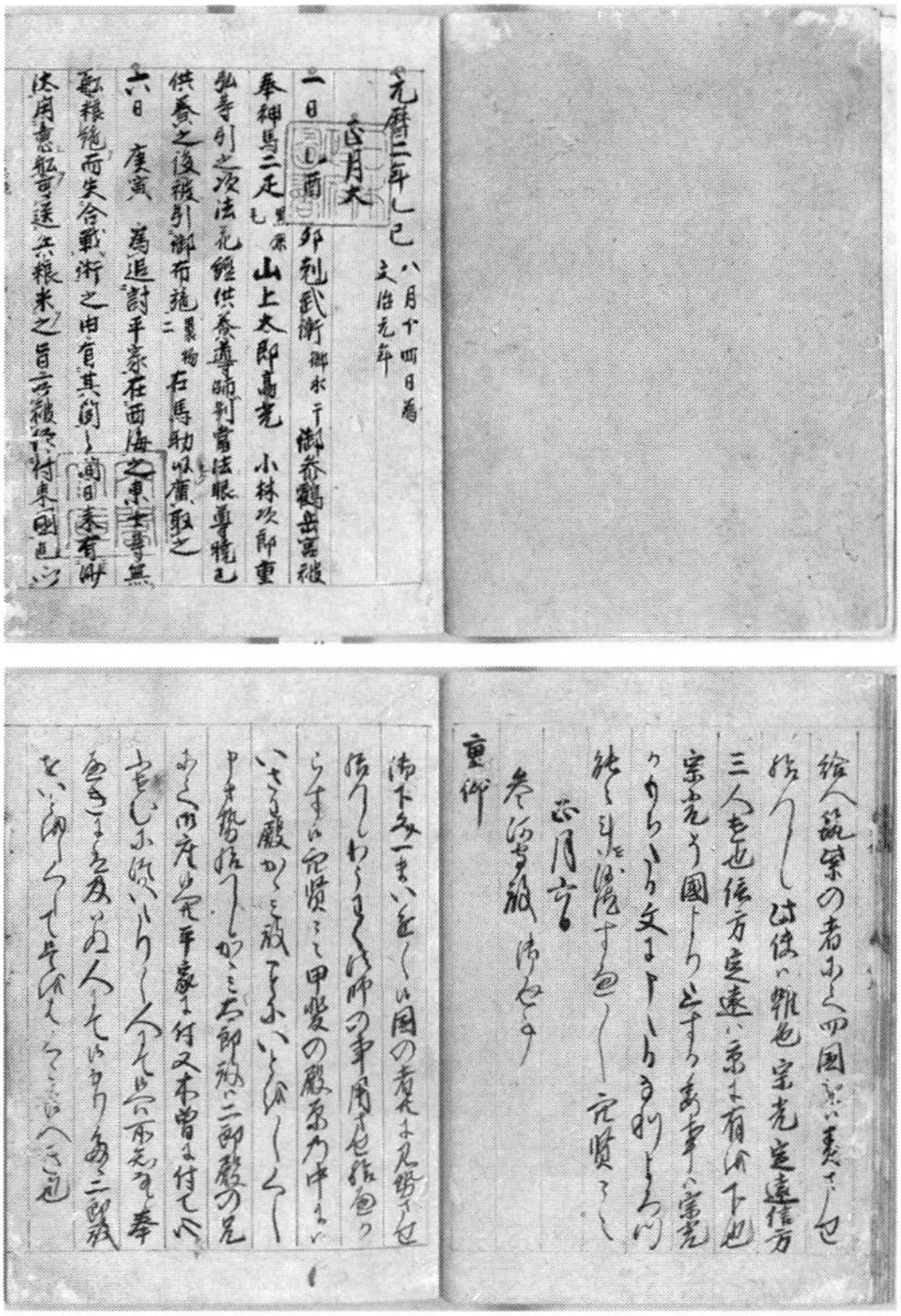

『吾妻鏡』　東京都・国立公文書館蔵

幕府や各大名家に従った、多くの鎌倉武士の子孫と称する人々たちが先祖の活躍に一喜一憂しつつ愛読したのではないでしょうか。

なかでものちの毛利《もうり》氏家臣となる吉川《きっかわ》家伝来の『吾妻鏡』は、その原型を知ることができる貴重な伝本です。守護大名大内《おおうち》氏の家臣陶《すえ》氏一族の右田《みぎた》弘詮《ひろあき》が二〇年かけて諸国行脚《あんぎゃ》の僧侶たちに依頼して集めたものです。ただし、この吉川本は明治四十四年（一九一一）まで公開されなかったため、近世では忘れられた存在でした。そのほかに、九州薩摩《さつま》の大名島津《しまづ》家本、加賀前田《かがまえだ》家の前田本、禁裏《きんり》の伏見宮《ふしみのみや》本がまとまって伝来しています。これら伝本は北条本や吉川本の記事を補うものもあり、とくに前田本は室町時代の応永《おうえい》十三年（一四〇六）以前に写された最古の写本として重要文化財に指定されています。

原『吾妻鏡』の編纂時期は、正応三年（一二九〇）から嘉元二年（一三〇四）の時期で後深草院《ごふかくさいん》の生きた時代です。さらに取り入れられた史料に徳政令《とくせいれい》に関する文書が多いことから、永仁五年（一二九七）以降に絞ることができます。掲載史料の出所も公家の日記は冷泉為相《れいぜいためすけ》を通じて藤原定家の日記『明月《めいげつ》記《き》』が一部使われたのみで、ほとんどが奉行人家に伝わる記録や文書、また幕府への訴訟で添付されてきた史料などとされています。なお、『平家物語』など物語系統は使われた形跡はありません。

しかし幕府の記録と言いながら、同時代にみることができたのは、ほんの一握りの幕府関係者だけだったようです。金沢文庫に残る奉行人長井貞秀《さだひで》の手紙に、文庫に蔵されていた「鎌倉□（治《ち》）記《き》・六代勝事《ろくだいしょうじ》記《き》」を借り出していたことが記されています。貞秀の先祖は大江広元《おおえのひろもと》です。彼の手元には鎌倉初期の記録や文書もあったようですが、こうした編纂記録はなかったのでしょう。原『吾妻鏡』はおそらくは金沢北条氏の関係者周辺で編纂され、当時、それを「鎌倉□（治）記」と呼んでいたのではないか、といわれています。

東国に初めて生まれた武家政権の歴史を学ぶことのできる『吾妻鏡』。それはまた、頼朝政権を支えた「武士の家」の盛衰を教えてくれるとともに、「鎌倉」の歴史の「指南書」といえるものなのです。

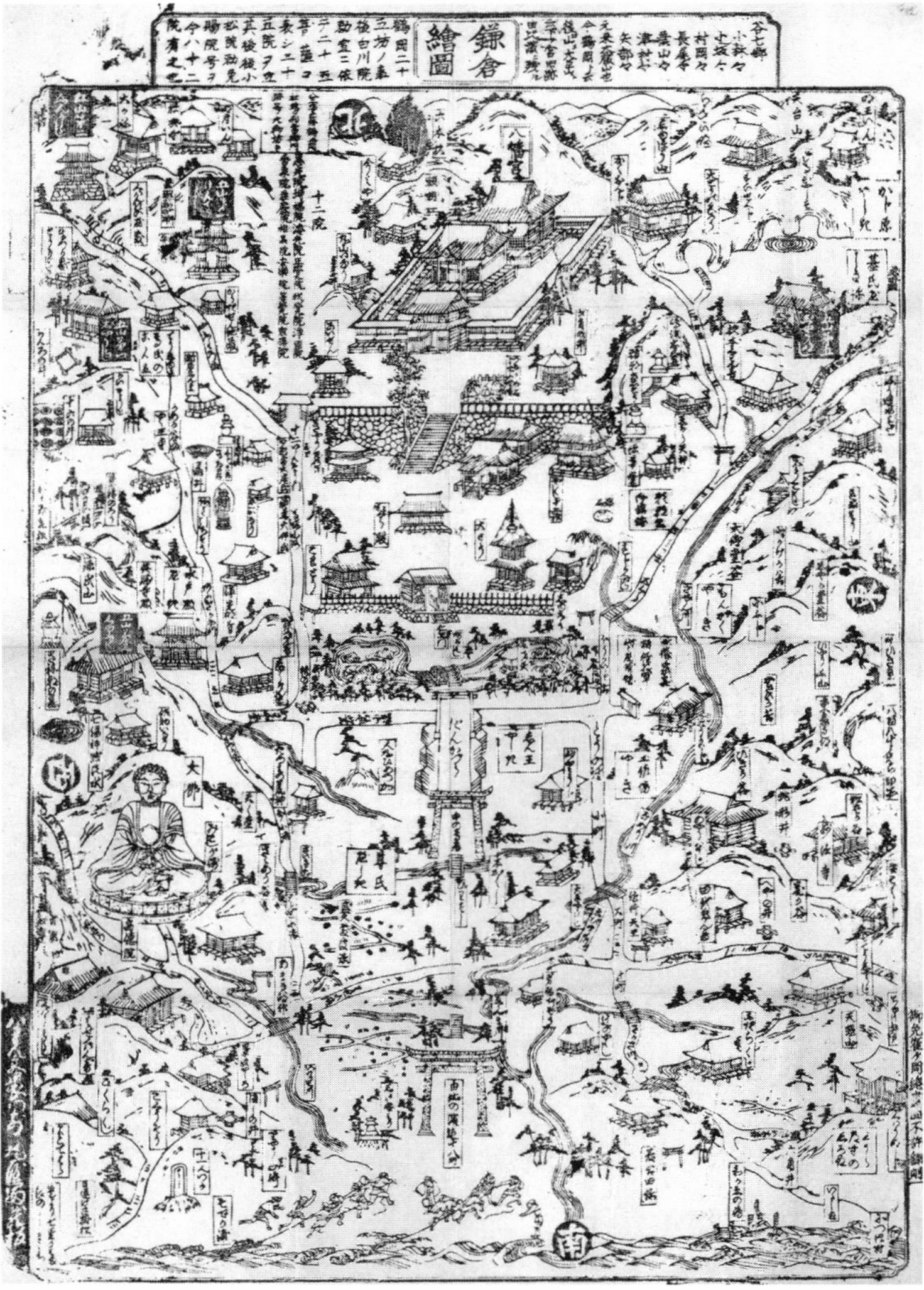

『鎌倉絵図』　江戸時代に都市鎌倉を訪う旅人に頒布された史跡巡りの古絵図。鶴岡八幡宮を上部に長谷の大仏や由比ガ浜で地引き網をする漁師、源氏山などの名所旧跡が視覚的に絵入りで彫られている　個人蔵

第二部

〝かまくら〟が刻んだ土地の記憶

1 木簡・和歌から読み解く鎌倉は、東国蝦夷を監視する武人の町だった

「鎌倉」地名の語源には、いくつかの説があります。三方を山に、片方が海に開け、また「谷」（やつ）がいくつもある地形から、「竈《かまど》」に似ているので「かまくら」となったという説。さらにアイヌ語「カマ・クラ」（山を越える）言葉説、湿地帯でガマ・ヨシ・アシなどが茂る場所からの語源説、「神へ供え物」倉庫の「神蔵《かむくら》」の存在からついた地名説、大織冠藤原鎌足《たいしょかんふじわらのかまたり》の鎌埋設《かままいせつ》伝説、はたまた高麗《こうらい》の渡来人《とらいじん》が鎌倉に住み着いたので「高麗座《こまくら》」となったなど、諸説が流布しています。実証しようにもかなり難しいものばかりです。それならば、今に見られる史料そのものを出発の前提としておくべきでしょう。

確実な史料は天平五年（七三三）九月と記された木簡《もっかん》で、神奈川県綾瀬《あやせ》市早川《はやかわ》の宮久保《みやくぼ》遺跡から見つかったものです。表には「鎌倉郡鎌倉里軽部□寸稲天平五年九月」、裏には「田令軽部麻呂郡稲長軽部真国《かるべまくに》」と書かれています。すでに鎌倉郡内には、霊亀《れいき》元年（七一五）から天平十二年（七四〇）まで使用された「郷里《ごうり》」制が施行されており、そこに住む「田令《でんりょう》軽部」一族が「稲」を早川地区まで運んで行ったことがわかります。早川地区は高座郡壬生《みぶ》氏の領域で、お互いに連絡を取り合っていたことが予想されます。

さらに、御成小学校の校庭下から出土した木簡の内容が、新たな鎌倉の歴史像を考えさせてくれます。この場所（今小路西遺跡）には、八世紀中ごろ大規模な掘立柱《ほったてばしら》建物が建っていたことが発掘でわかりました。建物の規模は全国各地で見つかる郡衙《ぐんが》・郡庁のたたずまいとよく似ており、古代の官庁建物として典型的なものでした。その地層から出土した木簡には、表に「糒五斗天平五年七月十四日」、裏には「郷長丸子□□」と記されていました。「丸子《まろこ》」姓は、相模国では「鎌倉郡上下丸子連多麻呂」（『万葉集《まんようしゅう》』）、「余綾郡散事丸子部大国《よろぎぐんさんじまろこべのおおくに》」（天平十年駿河国正税帳）などがみられます。「糒」とは、「ほしいひ」とよみ、米を炊いて干して保存食とするものです。二〇年も保存できる非常食の代表です（『令義解《りょうのぎげ》』）。

ただ、この米がどのような意味を持つのかは、議論が多くて決着していません。しいていえば、「糒五斗」は、古代の正丁《せいてい》四人分ほどの口分田《くぶんでん》から上がる税（租）にあたり、兵料《ひょうろう》としての意味もあり、個人の負担ではなくて「郷」単位に徴収したものと考えられます（『延喜式《えんぎしき》』）。天平九年（七三七）、蝦夷《えぞ》征討実施のための兵糧準備として「大住団《おおすみ》」「余綾団《よろき》」とともに「鎌倉団」が作られていたのかもしれません。出土したところが、鎌倉郡衙跡ですので、この役所の近くに「鎌倉軍団」の米蔵があったとする説が魅力的です。

天平七年（七三五）の鎌倉郡内には「鎌倉郷・荏草《えがや》郷・尺土《さかど》郷」が設置されており（封戸租《ふこそ》交易《こうえき》《きょうえき》帳《ちょう》）、とくに鎌倉郡には高田王《たかたのおおきみ》の食封《じきふ》三〇戸と田一三五町余が与えられていたことがわかります。また、荏草郷（荏柄）と尺土郷（大船・藤沢の一部）は文武《もんむ》天皇の夫人藤原宮子《ふじわらのみやこ》の食封といわれています。食封とは律令国家から生活費として与えられた民戸《みんこ》と田で、相模国ではおよそその四割近くが天武天皇家に食封として与えられています。まさに公地公民制は天皇家とその一族のためだったことを思い知らせてくれます。

ところで、最古の歌集『万葉集』（相聞部《そうもんぶ》）には、地名「鎌倉」が詠み込まれた歌が三首あります。

①「ま愛《かな》しみ　さ寝《ね》に吾《わ》はいく　鎌倉の　美奈《みな》の瀬川《せがわ》に　潮満《しおみ》つなむか」

②「薪樵《たきぎこ》る　鎌倉山の　木垂《こだ》る木《き》を　まつと汝《な》が言《い》はば　恋《こ》ひつつやあらむ」

③「鎌倉の　見越《みこ》しの崎《さき》の　石崩《いわく》えの　君《きみ》が悔《く》ゆへき　心《こころ》は持《も》たし」

「美奈の瀬川」とは、長谷を今も流れる稲瀬《いなせ》川のこと、「見越しの崎」とは、霊仙崎《りょうぜんみさき》か稲村《いなむら》ケ崎をさすのでしょう。「鎌倉山」とは、「鎌倉の山々」の意味です。近しい人との別れが詠われています。なかでも鎌倉郡から九州警備の防人《さきもり》となった上丁《じょうてい》の丸子連多麻呂も難波津《なにわつ》にたどり着き、母をおいての出発に後ろ髪をひかれる思いの歌を残しています。

宝亀五年（七七四）に相模守《さがみのかみ》となった大伴家持《おおとものやかもち》は、そののち左京大夫《さきょうのだいぶ》と上総守《かずさのかみ》を兼ねています。その前任者は丸子（道嶋《みちしまの》）嶋足《しまたり》で授刀少将として東北蝦夷勢への防備を担当しています。とくに宝亀年間からその動きは活発となっており、朝廷《ちょうてい》でも東国国司《こくし》へ戦時対応の要請に迫られていました。丸子と大伴もともに天武《てんむ》天皇家の武人として活躍してきた家であり、政府が彼らへ期待していたのは、その力量発揮であったのです。こうした視点からみて、家持が在任中に鎌倉人の生活を知っていた可能性もあり、東国の歌枕《うたまくら》ともいうべき各所の歌を詠った鎌倉住人に注目してとりあげたともいえるのではないでしょうか。

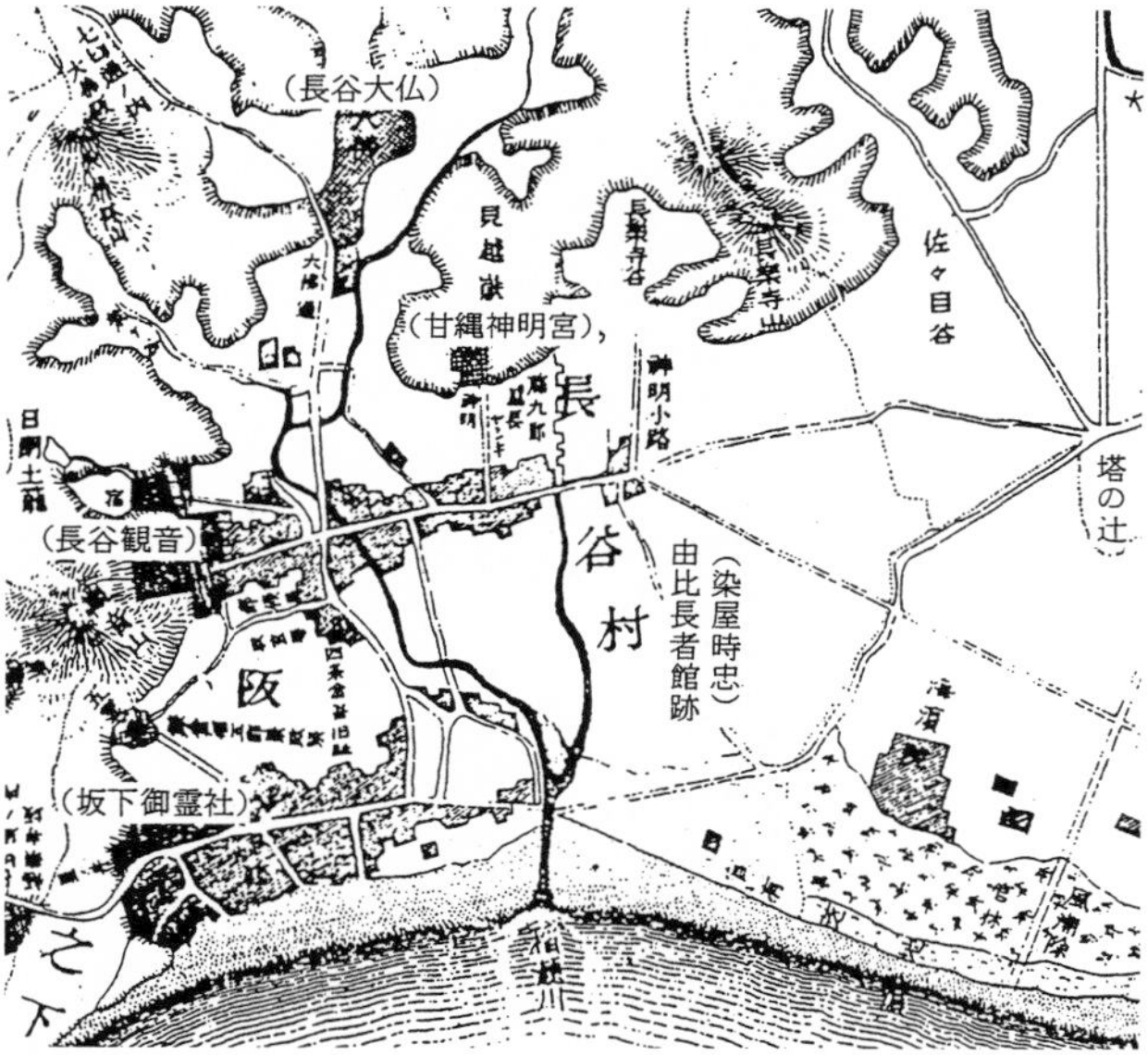

古図に描かれた長谷の周辺　中央下に稲瀬川が見える

さらにいえば、相模国「鎌倉」は、東海道・東山道地区、大きくとれば東国の蝦夷対応を行うべき当時の拠点地区として位置づけられていたのではないかとも思われます。その意味で、「鎌倉」がのちに武人の町となる大前提はすでにこのころにあったのではないでしょうか。

なお、藤原鎌足の鎌埋設による地名伝承は、武門をもって天皇（朝廷）を守護する将軍の仕事をもとに、鎌倉時代前期に摂家将軍藤原頼経《よりつね》の鎌倉下向とともに、摂関家周辺から生まれたのではないか、といわれています。

2 源氏が鎌倉へ入ったのは、源頼義が平氏一門の舅より館を譲られたから

源氏が鎌倉との関りを直接に持つのは頼義《よりよし》からです。『陸奥話記《むつわき》』に、頼義は父頼信《よりのぶ》とともに平《たいらの》忠常《ただつね》追討に出陣、勇者の誉《ほまれ》を得て多くの武士が彼に服属したこと、また都では小一条院《こいちじょういん》（敦明親王《あつあきらしんのう》）の判官代《ほうがんだい》として弓射《きゅうしゃ》の技術に優れ、これに感銘した上野守《こうづけのかみ》（介）平直方《たいらのなおかた》は婿として頼義を迎えたとあります。

直方の娘が源義家《よしいえ》の母であることは、当時の史料「中外抄《ちゅうがいしょう》」や南北朝初期の遊行寺僧由阿《ゆぎょうじそうゆうあ》作「詞林采葉抄《しりんさいようしょう》」に見え、後者には直方から下向する頼義に鎌倉の屋敷を譲ったことが記されています。実は、平直方は平忠常の追討使として長元《ちょうげん》元年（一〇二八）に任命されて、八月に出陣しましたが、翌年になっても成果が表れず、解任のうわさがしきりと出ていました。父維時《これとき》も翌二年に上総国守となって平忠常追討へ肩入れをしているほどです。直方父子は、当時の関白藤原頼通《ふじわらのよりみち》の有力な家人《けにん》でしたので、こうした人事配置もおそらくは頼通の配慮が強くあったのではないでしょうか。

平直方父子の先祖貞盛《さだもり》は、国香《くにか》以来の伝統を持つ常陸国から都の侍として出仕し、軍事貴族として成長していきます。貞盛弟の繁盛《しげもり》は常陸平氏として国香の遺産を繋ぎ、国香の弟良文《よしふみ》の子孫である忠

常は下総を中心に勢力を培っていきました。しかし、彼らの子孫たちがそれぞれの利害をめぐって対立関係になっていったのでした。とくに忠常と常陸平氏の維幹《これもと》（繁盛の子）とは犬猿の仲でした。

この維幹を応援していたのが源頼信でした。『今昔物語集《こんじゃくものがたりしゅう》』（巻二五）に、忠常が源頼信に名簿《みょうぶ》などを奉呈《ほうてい》しても「先祖の敵」維幹が彼のもとに従っているので降参はしないと記されています。事実は、忠常の父忠頼《ただより》と維幹の父繁盛との敵対関係が、それぞれの子孫たちへ受け継がれていったというものです。

中世武士の館を復元した模型　千葉県佐倉市・国立歴史民俗博物館蔵

貞盛子孫の平直方にしてみれば、下総・上総方面に勢力を伸ばし、紛争の種をまいている平忠常の追討使となることで、その地域へ自己の勢力を伸ばしていくことができる、と考えてもおかしくはありません。当時、安房・上総・下総国は戦乱のために「すでに亡《ぼう》国《こく》」となっていたといいます（『小右記《しょうゆうき》』）。直方はすでに鎌倉に拠点をもっていました。

それならば、三浦半島から海を渡る古東海道《ことうかいどう》ルートでの忠常攻撃も考えていたとも思われますが、具体的

【平氏・源氏・藤原氏関係系図】

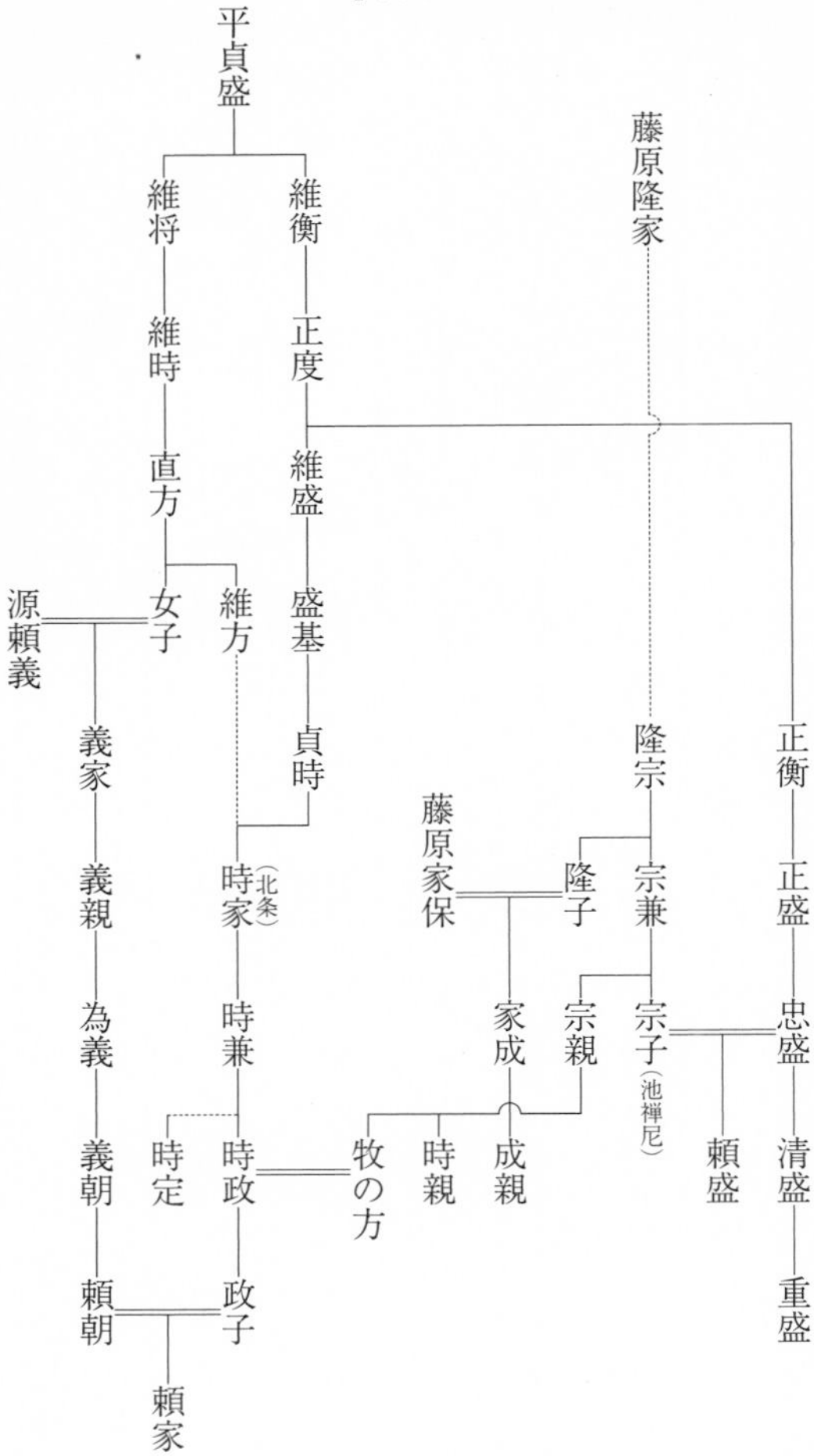

野口実「「京武者」の東国進出とその本拠地について」（『京都女子大学宗教・文化研究所紀要』19、2006年）をもとに作成

な証拠は残されていません。

長元三年五月、追討使平直方は関白頼通に忠常追討の宣旨《せんじ》を要請しますが、これは認められませんでした。すでに関白は忠常に朝廷への反意《はんい》がないことを知り、戦闘でさらに地域が荒廃することを懸念しての処置といえましょう。そして同年九月、源頼信が追討使に任命され、任国甲斐への下向に、

なんと忠常の子法師を伴っています。おそらくは彼を通じて、忠常と常陸平氏らを和解させる方策を取ろうとしたのでしょう。ただし、忠常本人は長元四年四月頃、甲斐の頼信に出頭して降参、ともに上洛途上の六月に病死します。頼信は戦闘を行うことなく対立勢力と和解、そしてともに傘下に入れたのです。

大庭御厨の旧地に建つ鵠沼皇大神宮　御厨とは伊勢神宮に神饌を貢進する所領のことで、当社は大庭御厨の総鎮守として尊崇された　神奈川県藤沢市

調停者としての力量を認めた貞盛流の平直方は、頼信の子頼義を婿にとったこと、それは主人と仰ぐべき人と結び付く鎌倉武士社会の原型を作りました。さらに直方から譲られた鎌倉の屋敷を中心にして坂東諸国を源氏がおさえるきっかけになったといえましょう。のちに源義朝は「鎌倉の楯《たて》」（寿福寺付近）から大庭御厨《おおばのみくりや》に進出していきました（天養記《てんようき》）。さらに、直方の子孫である北条時政は義朝の子頼朝を婿にとり、娘の政子を嫁がせています。平直方の意向と同様といえましょう。

のちに頼朝が自らが動かずに鎌倉の主として東国政権の長となることができたのは、歴代源氏の遺産、とくに頼義・義家の故実を意識的に継承してきた結果なのでしょう。

3　頼朝が鎌倉を選んだのは、頼義以来の源家の記憶と、父義朝の身近な記憶

治承四年（一一八〇）九月、石橋山の戦いに負けた頼朝は、房総半島の安房で今後の動きを模索していました。頼朝は、地元武士の安西景益《あんざいかげます》の助言を得て安達盛長《あだちもりなが》を千葉常胤《ちばつねたね》のもとに派遣しました。常胤は「源家中絶跡」を復興しようとする頼朝の意図を知ると感涙の中で声も出せなかったのでした。その後の盃酒《はいしゅ》の場面で、頼朝のいる安房国安西の地は、「要害《ようがい》の地」ではなく、「御曩跡《ごのうせき》」でもないことを話し、すみやかに「鎌倉」に向かうようにと盛長へ伝えたと『吾妻鏡』は記しています。

「御曩跡」とは、先のゆかりのある地などという意味があります。鎌倉と関わりの深い源氏は頼義からですが、彼は相模守《さがみのかみ》のときには、前九年の役《えき》の出陣で安倍《あべ》氏を平定しました。先の追討使で安倍氏追討を失敗した平直方《たいらのなおかた》から弓射《きゅうしゃ》の芸を見込まれ、直方の娘と鎌倉の地を与えられ、のちに義家《よしいえ》を生んでいます（『陸奥話記』「詞林采葉抄《しりんさいようしょう》」）。康平六年（一〇六三）、頼義は石清水八幡宮《いわしみずはちまんぐう》を密かに鎌倉由比《ゆい》に勧請《かんじょう》しました。「密かに」とあることに注目できます。頼義の子義家もまた、永保元年（一〇八一）に由比若宮を修復しています。とくに親子で修復にかかわっているのは鎌倉に特別な想いがあったのではないでしょうか。

のちに頼朝が、文治五年（一一八九）の奥州戦争にその合戦日時や場所・作法などを頼義の前九年合戦の再現として行ったことは、『吾妻鏡』に詳しくみえます。千葉常胤の新調した二幅の出陣旗は頼義旗の寸法通りで、その旗絹は小山朝政の先祖である藤原秀郷《ひでさと》の朝敵平定にちなんだといいます。藤原泰衡《やすひら》の首をゆかりの子孫に鐵釘《てつくぎ》で打ち付けさせたこと、厨川柵《くりやがわのさく》での藤原一門や熊野《くまの》別当《べっとう》捕縛《ほばく》の日時など、みなそうでした。

（上）石橋山合戦で敗れた源頼朝が房総半島へ船出したと伝える真鶴の岩海岸　神奈川県真鶴町
（下）鶴岡八幡宮の元宮とされる由比若宮　鎌倉市

何よりも頼朝が安房から再起を願って丸御厨《まるのみくりや》を巡検したのも、その地が「御曩跡《ごのうせき》予《よ》州禅門《しゅうぜんもん》」（頼義）が「東夷《とうい》」を平らげた「最初の朝恩」地だったからでした。

先の「要害」という言葉を戦国期の宣教師は「城砦、城郭」と理解していました（『邦訳日葡辞書』）。鎌倉後期から室町戦国期の古文書類をみる

【清和源氏略系図】

※数字は将軍就任順

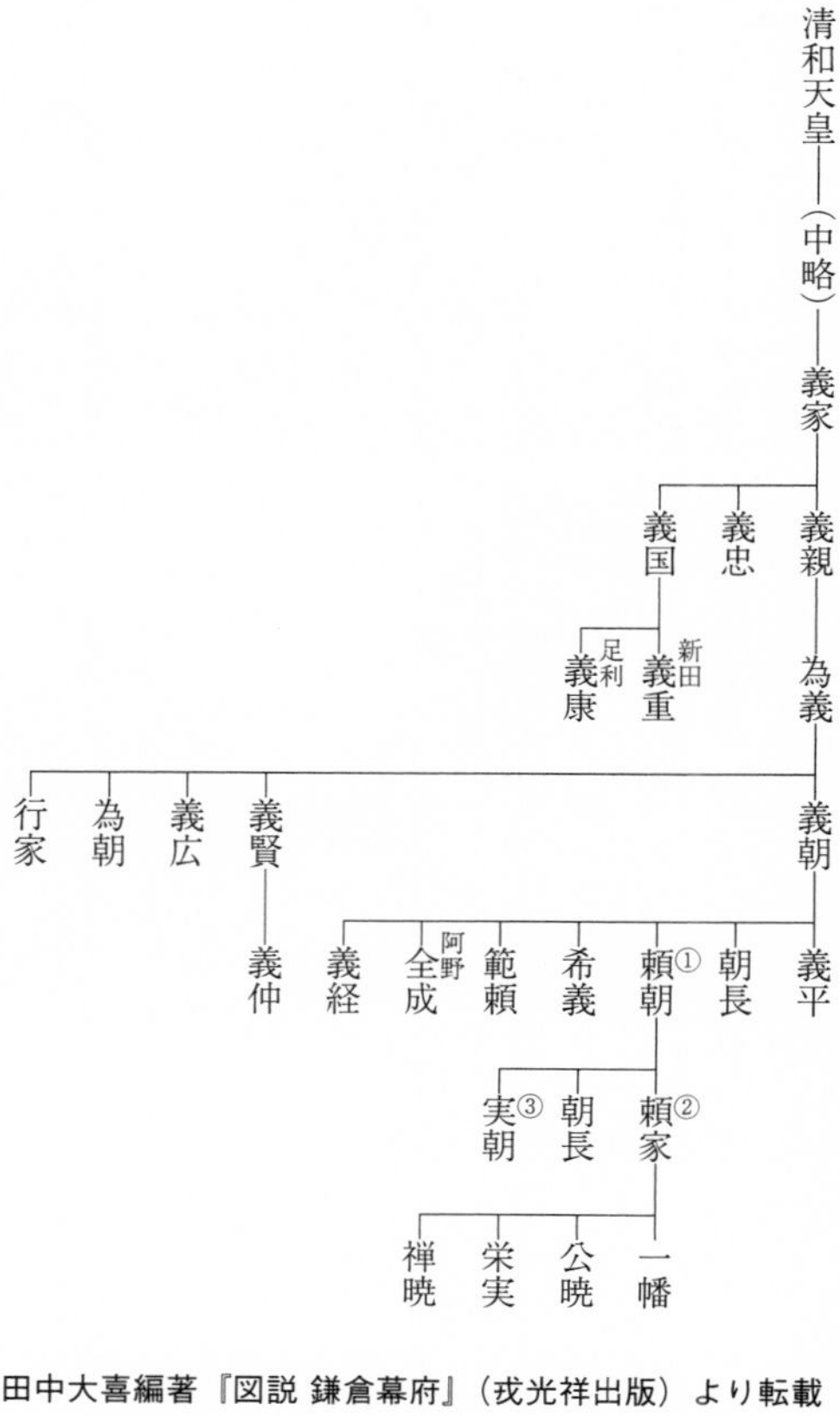

田中大喜編著『図説 鎌倉幕府』（戎光祥出版）より転載

と、必要に応じて領主が個別的に構える「城郭」から、地域の領主たちの連携と共同によって常に維持される「要害」へ、その言葉の変化と意味が変わっていくことがわかります。つまり「城郭」とは、その地区の領主が少数の身内などで守るべき臨時的な地であって、「要害」とは、血縁による一族結合から、血縁だけではない地域の領主同士の結びつきによって守られるべき「要」として、武装された場と考えられていたのではないでしょうか。それが「鎌倉」の地であったのです。

『吾妻鏡』に、頼朝が多くの御家人たちへ「独歩の思」を避けて「諸人の一揆」を求めていたのは、「要害の地」＝鎌倉を多数の御家人が守るべき地域であることを表しているといえるのではないでしょうか。『吾妻鏡』が編纂された頃の言葉の概念がここに反映していることはいなめませんが、鎌倉時代の人は鎌倉の地を「要害の地」とみていたことはまちがいありません。

天養年間（一一四四～四五）に頼朝の父義朝が相模武士の三浦氏や中村氏を率いて高座郡《こうざぐん》の大庭御《おおばのみ》厨《くりや》に侵入して乱暴狼藉を繰り返したことは有名です。義朝は「字鎌倉の楯《たて》」を「伝得」して居住していたと「天養記」は記しています。鎌倉＝「要害の地」の中心となる土地は、そこでも生きて機能していたのでした。鎌倉という地の記憶は、そのきっかけをつくった源頼義以来の「源家の記憶」と実父義朝の「身近な記憶」とあいまって、源頼朝に深く刻まれていたはずです。頼朝にとっては「鎌倉の地」以外には選択肢はなかったといえましょう。

源義家の活躍を描く「前九年合戦絵巻」 千葉県佐倉市・国立歴史民俗博物館蔵

4 発掘でわかった御成・長谷は、役所や公共施設が建ち並ぶ官庁街

平成二十八年九月、江ノ電由比ヶ浜駅の北側およそ一〇〇mの砂丘《さきゅう》地帯《ちたい》から墓が見つかりました。石で組まれた棺《ひつぎ》に埋葬《まいそう》されていたのは一〇代後半の女性でした。全身をまっすぐに伸ばした姿で、この地域の有力者の娘ではないか、といわれています。埋葬品はまったくありませんでした。さらに砂中に体を横たえて葬られた人骨も見つかりました。

弥生時代以降の数軒の住居跡には竈《かまど》もついているので、ここに集落があったことがわかります。しかし、砂丘の変化によって村はなくなり、次第に墓地として浜が使われていきました。葬られかたに違いがあるのは、身分の違いが意識され始めていたからかもしれません。先の女性が活動していた時代は古墳時代の六世紀ころでした。

由比ヶ浜駅から長谷駅の中間地点の線路沿いからは、文字の書かれた焼き物が見つかりました。平安時代前期の須恵器《すえき》や土師器《はじき》で「酒」「杯」「上」などが墨書《ぼくしょ》されています。破片がすり減っていないところから、この地域で使われていたことは確実です。

そういえば、鎌倉市立御成《おなり》小学校地下から出土した「天平《てんぴょう》五年七月十四日」付けの木簡《もっかん》と大規模

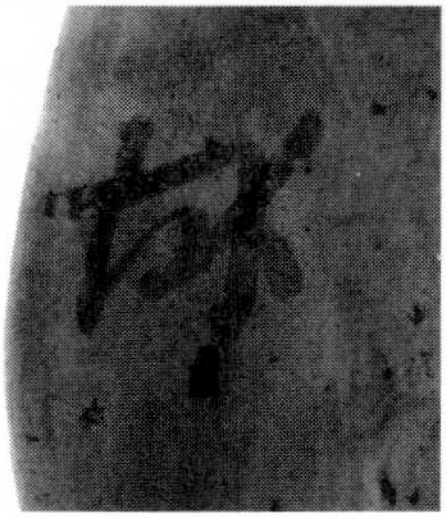

すべて長谷小路周辺遺跡から出土したもので、上は古墳時代の石棺墓。左３点は平安時代の土器で上から順に「酒」「杯」「上」と墨書されている　鎌倉市教育委員会発行「鎌倉の埋蔵文化財 19・21」 より転載

建築物跡の発見によって、奈良時代、鎌倉郡の役所が現在の御成小学校付近にあったことが明らかになりました。墨書土器がまとまって見つかる場所は役所関連施設であることが多いのです。御成地区から南側の海岸寄りには、大型の建物や倉庫などが建っていたのではないか、と考古学研究者は指摘しています。

まさに鎌倉駅西側地域は、はるか昔から開けた一等地として、役所や公共施設のあるべき土地だったのです。

5 源頼朝が出撃したという鎌倉城は本当にあったのか？

三方向を山に囲まれ、南はキラキラ輝く海を前にする鎌倉は、自然の要害といわれています。今でも鎌倉に入るためには、トンネルを通らないといけません。当時、「鎌倉城」と呼ばれたのですが、それはなぜでしょう。これは、京都の公家九条兼実《くじょうかねざね》が日記の『玉葉』に書いたことが発端でした。治承四年（一一八〇）十月二十五日、頼朝が「相模鎌倉城に起き」たとあり、一週間後の情報には「鎌倉城」を出たと記しました。でも、その後の日記には出てきません。初めは、頼朝の名さえも不明瞭であった兼実は、人づての情報で、兵を起こした場所である鎌倉を「城」とみたのは当然かもしれません。

中世前期では「城」「城郭」は臨時的に備えられるもので、普段は防備などはない開放的な空間とされています。頼朝の挙兵時期のみ出てくる「鎌倉城」は、当時の貴族がもっていた「城」へのイメージが、頼朝の拠《よ》っていた鎌倉の地と重なって『玉葉』に表現されたものとみてよいでしょう。

では、「鎌倉」は無防備だったのでしょうか。「鎌倉七切通《きりどお》し」は防御も兼ねるような遺構（土塁《どるい》・堀切《ほりきり》など）があるではないか、と反論されそうです。「山内道」や「六浦道」を通りやすくした北条

上空から見た鎌倉周辺　南は相模湾に面した由比ガ浜、それ以外の三方を山に囲まれた要害の都が鎌倉であった。そのため、遠く離れた京からは「鎌倉城」、つまり城郭のような要塞都市と意識されたのも当然だったかもしれない

泰時や時頼のように、鎌倉の人と物資の出入りを活発にすることが頼朝以後の為政者たちの狙いだったのです。

元弘《げんこう》の乱では、切通しに木戸《きど》を構え、垣楯《かいだて》をならべ、さらに稲村ケ崎《いなむらがさき》の波打ち際まで逆木《さかもぎ》を並べて北条方武士は鎌倉に攻撃軍兵を入れないようにしていることが『太平記《たいへいき》』にはみえています。まさにこれこそが武装したときの「鎌倉城」の様子でしょう。つまり、臨時的に自然地勢を利用しつつ、楯や逆木・木戸などをおいた姿といえましょう。

武士の町「鎌倉」は、決して日常的に武装化した軍事都市と考えることはできません。各地からさまざまな人々が集まってくる賑《にぎ》やかな町というべきでしょう。

6 源頼朝の大蔵御所は寝殿造り。構造・規模を推定する

源頼朝の本格的な御所《ごしょ》は大蔵御所《おおくら》です。治承四年（一一八〇）十二月に完成しました。供の武士たちは、侍所《さむらいどころ》（正しくは侍別当《べっとう》）和田義盛《わだよしもり》を中央にして、一八間の侍所に二列に対座、三一一人いたと『吾妻鏡』は記しています。「鎌倉の主」＝流人軍事政権の誕生でした。その御所は「寝殿《しんでん》」とも呼ばれていました。養和元年（一一八一）四月には「御寝所」警備の御家人十一人をおいています。同年五月、姫君御方《ひめぎみおかた》（大姫《おおひめ》）の邸を「御邸の傍」に「御厩《みまや》」とともに建てています。大庭景義《おおばかげよし》らが奉行となり、「小御所御厩」も安房国大工《だいく》が召喚され上棟《じょうとう》されました。やはり軍事政権としての特徴は「御厩」の充実といえましょう。その後の記事で奥州からの年貢馬三〇疋を飼えるほど、大きさが一五間もあったことがわかります（文治五）。また、日常を管理する「御厩舎人《みまやとねり》」には、馬の性質を察知する優秀な観察力と技量をもつ者が登用されていました。

御所内の建物は、「西侍」（元暦元）、「西対」（文治元）、「南庭」（文治四）、「御厩納殿《おさめどの》」（同）、「釣殿《つりどの》西面《にしめん》」（同）、「御所南門《ごしょみなみもん》」（文治五）などが順次に設置されていきました。とくに「西侍」は、鎌倉に護送された平重衡《たいらのしげひら》父子の待機宿所となったり（元暦元）、御所に呼ばれた御家人の集合や宴会の場

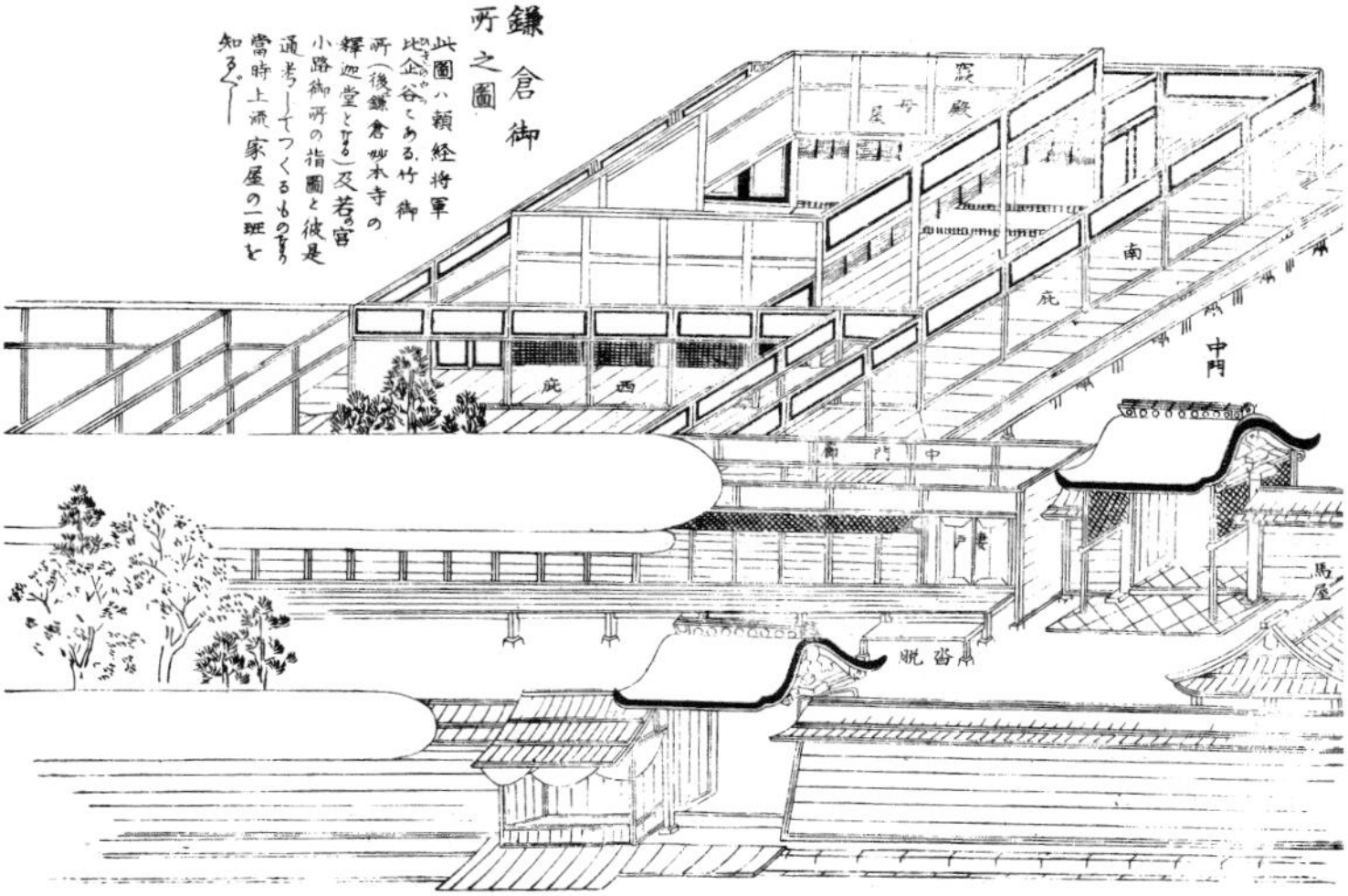

鎌倉御所之図　「日本歴史参考図」より転載

として使われることが多かったのです（文治二）。

建久《けんきゅう》二年（一一九一）三月、最初にできた御所が火事で焼けてしまいます。小町大路から出た火は南風に煽《あお》られて、北条義時《ほうじょうよしとき》・大内惟義《おおうちこれよし》・比企朝宗《ひきともむね》ら有力御家人屋敷を焼き、さらに八幡宮馬場から廻《かい》廊《ろう》・経所《きょうじょ》を炎上させ、御所の付近まで及んでいます。御所周辺には有力な御家人屋敷があったことがわかります。御所再建は同じ場所で、同年六月に「南門」や「大御厩《おおみまや》」が最初に上棟されます。「大御厩」とは公務で来る御家人らの馬を置く場所と思われます。軍事政権として最優先で必要な場所でありました。その後に頼朝自身の厩舎《きゅうしゃ》と考えられる「内御《うちのみ》厩《まや》一〇間」もできています。同年八月には「新造御厩」に納めるための進馬御覧が「南庭」で行われました。

また、奥州からの「駿牛《すんぎゅう》」一五頭が進上されましたが、鎌倉に「牛屋《うしや》」の設置は不吉だとして馬を

大蔵御所跡の石碑　鎌倉市

置くことになっています。やはり軍事政権としての性格が頼朝時期の御所には強く意識されていたのではないでしょうか。さらに「問注所《もんちゅうじょ》」も御所内に建設されていましたが、建久三年（一一九二）には郭外の三善善信《みよしぜんしん》の屋敷に置かれます。これは熊谷直《くまがいなお》実《ざね》出家《しゅっけ》事件が契機になりました。その後には改めて別の場所で独立した建物となります。

このほか「中門」（建保元）、「北御門」（同）、「幕府南門」（同）、「惣門《そうもん》」「南庭」（同五）、「郭内室屋」（同）などが焼失以前にはあったことがわかっています。

以上のように、頼朝時代の大蔵御所は、西は西御門《にしみかど》川を境とする横浜国立大学附属中学校敷地から東側が聖泉《せいせん》小学校敷地付近東御門川、北は頼朝法華堂前、南は県道金沢六浦線道路にほぼ囲まれた範囲にあったことは、おおむね認められており、江戸時代以来の伝承地とも合致しています。そして基本的な建物などの配置は「寝殿造」と見られています。

この後、幕府の御所は、嘉禄元年（一二二五）に北条泰時邸の南側にあたる宇津宮辻子《うつのみやずし》御所、建長四年（一二五二）に若宮大路御所へと移転します。鎌倉の主は摂家将軍・親王将軍と変わっていきますが、「寝殿造」の基本構成はかわらないと考えられています。

7 北条政子の死後、3度も移転した将軍御所の諸事情

頼朝は鎌倉の御邸を建てようと父義朝の亀谷《かめがやつ》旧跡を訪ねますが、そこは岡崎義実《おかざきよしざね》が義朝供養の堂を建てておりました。しかも邸宅候補としては狭い地でした。頼朝は鎌倉に入るまで先祖伝来の鎌倉の地がどのようになっていたか、十分つかんでいなかったのです。治承四年（一一八〇）十月九日、鎌倉地区に詳しい大庭景義《おおばかげよし》を担当奉行として御邸作事を任せ、当座の住居として山内にあった知家事《ちけいじ》兼家宅を移築します。安倍晴明《あべのせいめい》の鎮宅符《ちんたくふ》が貼られた、正暦《しょうりゃく》年中（九九〇～九五）以来の家だといいます。その後、政子も鎌倉に迎え、同十五日、頼朝は景義が修理した兼家宅「鎌倉御邸」に初めて入ったのです。大蔵郷の本格的な「新造御邸」の完成は、二ケ月後の十二月十二日でした。出仕の御家人は三一一人、一八間侍《さむらい》（所《どころ》）に別当の和田義盛《わだよしもり》を真ん中に二行に並ぶ。ここに道理ある「鎌倉の主《あるじ》」（頼朝）が御家人注視の中で誕生したのです。

大蔵御所は、東は東《ひがし》御門《みかど》川、西は筋違橋《すじかえばし》から北上する道筋で横浜国立大学付属中学校グランド北側に繋がる道、南は筋違橋より続く六浦道《むつらみち》、北は頼朝法華堂下の東西道路に囲まれた地区です。御所は失火や建保合戦などで火災に四回あいますが、場所は移しませんでした。発掘でも今の六浦道に面

宇都宮辻子跡　鎌倉市

して東西に二条の堀があり、鎌倉時代の楽器を描いた精巧な鏡も出土しました。

嘉禄元年（一二二五）七月十一日、北条政子の死去をきっかけに御所移転となり、北条泰時《やすとき》・時房《ときふさ》は若宮大路東側にある「宇津宮辻子《うつのみやずし》」あたりに御所地を決定します。泰時は若宮大路を中心にする御所新造計画に、初めて「丈尺《じょうじゃく》」という京都と奈良で使われた地割法《じわりほう》を取り入れました。四五年間使われた大蔵御所は同時に破却されていきました。陰陽師《おんみょうじ》らを動員し、作事などの日時を細かく検討をしています。病気がちの若君（頼経《よりつね》）の土公《どこう》の祟《たた》り、方位や四神相応《しじんそうおう》によりこの地に決定されたことがわかります。同年十二月二十日、元服した将軍頼経は新御所へ移ります。また、評定所《ひょうじょうしょ》も設けられ、さらに鎌倉大番制度も新たに取り入れられました。幼い将軍の下での幕府法制度の整備もあわせて行うようにしていったのでしょう。

嘉禎二年（一二三六）三月、幕府と御持仏堂《ごじぶつどう》ほかを若宮大路東側に移す計画が持ち上がり、決定します。若宮大路御所です。四月に木造始《こづくりはじめ》、五月には築地《ついじ》も完成、西東には堀も設置され、七月には御所門もでき、八月四日に方角や土公などへの配慮とともに将軍の移動儀礼を行っています。

建長四年（一二五二）、宗尊親王《むねたかしんのう》将軍《しょうぐん》の下向にともない、五月頃から御所を新造する作業が進められ、十一月に移動します。しかし、これは同じ若宮大路御所の区域内に新御所を建てたものであり、移転ではありませんでした。これまでの摂家将軍から新たな親王将軍への交代ということが背景にあったのです。以後、幕府崩壊まで御所の移転はありません。ただし、宝治元年（一二四七）七月に若宮大路御所の移転話がでますが、当御所は泰時以来の適地であり移転反対論が多く、話は立ち消えています。これは宝治合戦終了直後の不安感が生み出したことなのでしょう。

若宮大路御所跡　鎌倉市

最初の大蔵御所は、古代以来の東西六浦道に面した大蔵地区を政治と信仰の場として頼朝は選んだのでしょう。だから鎌倉の中央に鶴岡八幡宮寺を道を変えてまで建てて、若宮大路をも造ったのです。宇津宮辻子御所は、政子の死、そして元服した摂家将軍を盛り立てて、都の制度などを導入していく、北条泰時の新たな執権体制づくりの結果ではないでしょうか。その道の基準線は若宮大路と小町大路へ次第に移っていきます。そして若宮大路御所は、若宮大路とそれを横切る東西道で二の鳥居の大町大路を中心に交易商業の道を盛り立てていくこととなるのです。それは鎌倉「七口」の極楽寺坂・巨福呂坂・名越坂などの整備につながっていくのではないでしょうか。

8 横行する拉致・土地の不法占拠・賭博。鎌倉統治の制度とは？

鎌倉市中で、なんと念仏を唱え功徳《くどく》を説く僧が徒党《ととう》を組んで、魚鳥《ぎょちょう》を酒の肴《さかな》に女性と飲んでいました。また、頭を裹《つつ》んだ僧侶が市中を歩き回っています。弁慶のようないで立ちなのでしょう。本来、破戒せぬように努めるべき僧侶たちも世俗人と変わらなくなってきたのです。執権《しっけん》の北条泰時《やすとき》は、「保々奉行人《ほほぶぎょうにん》」に彼らの家を取り壊し鎌倉から追放せよと、命令を出しました。寺社の多かった都市鎌倉ですから、こんな落ちこぼれの僧侶もいたことはたしかでしょう。文暦《ぶんりゃく》二年（一二三五）七月のことでした。幕府運営者トップの怒りが的確な施策となって、都市鎌倉の市政を変え始めていくのです。

延応《えんおう》二年（一二四〇）にも「保々奉行人」らは泰時から命を受けました。盗人・旅人・辻捕《つじとり》・悪党・辻々の売買・小路を狭める事・辻々盲法師《めくらほうし》・辻相撲《すもう》・押買《おしがい》について、決められた警護役を行え、というものでした。「辻捕」とは、路上で拉致されることです。当時、「人商人《ひとあきんど》」が鎌倉にはかなり出入りし始めていましたので、こうした行為が発生していたのでしょう。「押買」とは売り物ではないものを強引に値切ったりして買い取っていく行為です。また、「小路を狭めること」とは、市中の小路

若宮大路の道を壊して建てられた建物と道路（中央の砂礫の部分で幅は３～４メートル）の遺構。道路を掘って建物を建造するという行為が後を絶たなかった様子が「吾妻鏡」に記されている　鎌倉市／鎌倉市教育委員会発行「鎌倉の埋蔵文化財 22」より転載

や大路に張り出して家を建てたりしていく、不法占拠のことでした。『一遍上人絵伝《いっぺんしょうにんえでん》』に道に張り出した在家などが鎌倉の風景として描かれていることは有名でしょう。

実際に一四世紀前半、鎌倉若宮大路の道を壊して建物が建てられた事例が由比ヶ浜で見つかっています。「辻相撲」は、路上での懸物《かけもの》（賞金）付きの勝負事なのでしょうか。盲人の法師も絵巻にはよくみられ、辻の家々で喜捨《きしゃ》を求めていたのです。

こうした人たちの行動を監視する役目を負っていたのが、「保々奉行人」と呼ばれる鎌倉町の役人だったのです。つまり、「保」は「鎌倉中」の住人管理制度といえるものです。すでに京都で行われていた「保検非違使」制を取り込んだものとされています。

さらに、「保」の上には「地」が設定され、そこには「地奉行」人が置かれていました。『吾妻鏡』延応二年条に「鶴岡八幡宮寺領鎌倉中地《つるがおかはちまんぐうじりょうかまくらちゅうち》」と初めてみえ、古文書にも以降から出てきます。京都と同じように「地」には戸主が決められ、口と奥が丈量されるのが原則でした。こうした整備が都市鎌倉の御家人や幕府関係者、僧侶神官、そして市中住人の管理へと及んでいったと考えられます。

嘉禄《かろく》元年（一二二五）には執権泰時と連署時房《ときふさ》が宇津宮辻子や若宮大路に丈尺《じょうじゃく》を打った記事がありきます。これも京都の丈尺制を導入したと考えてよいものでしょう。幕府首脳陣によるこうした整備は鎌倉後期の文永《ぶんえい》二年（一二六五）には、「散在町屋」を特定の場所九か所にまとめて各免許の発行、在家前の大路の不法占拠の停止などについて、「地奉行」担当武士に命じています。この奉行人には御家人と得宗被官が組み合わされて任命されています。幕府おひざもとの市政（制）は、僧侶神官と御家人（武士）の「地」を把握するところから出発し、次第に「保」住人、すなわち「町人」への管理へと進めていこうとしていたのが、執権北条氏の都市鎌倉統治といってもよいのかもしれません。

後年に小田原北条氏が「鎌倉代官」を置きますが、小田原本城直属の武士と鎌倉町人（町代官）を組み合わせて市政管理を行う先例がすでに「地奉行」制度にみられるといえましょう。

9
市中で御家人たちが暮らした高級住宅地とはどこか？

鎌倉では八幡宮周辺、幕府御所付近、北条氏一門屋敷伝承地、御家人邸、役人高官・公家衆などの屋敷伝承地跡が高級住宅地といえるでしょう。かつて御成小学校の校庭下から武士の高級住宅地跡が発掘されたことは有名です。でも、誰の屋敷かわかりません。では、住んでいた武士の名などがはっきりわかるような「絵図」などはあるのでしょうか。実は、場所は異なりますが、扇谷浄光明寺に伝わる「浄光明寺《じょうこうみょうじ》敷地絵図《しきちえず》」（国指定重要文化財）がその一つなのです。鎌倉幕府が滅んだ直後に寺僧が寺地の権利を守るため、足利尊氏の役所に提出したものでした。

もともと浄光明寺を開いた人は執権北条長時です。寺地内をみると、寺の山門右には「守時跡《もりとき》」（北条流赤橋氏）、その右隣には「御中跡《みうちあと》」があります。守時は長時（北条重時の子）の曽孫です。「御中《みうち》」とは北条得宗家《とくそうけ》に関わる者の屋敷です。その右隣は、北条時頼が開基となった多宝寺《たほうじ》（廃寺）がありますので、時頼・長時は義時の屋敷地を譲られたのでしょう。絵図とほぼ同じカーブをした現在の寺前の道を隔てて、「右馬権助跡《うまのごんのすけあと》」（大仏高直《おさらぎたかなお》）、「上野守跡」（大仏直俊《なおとし》）の屋敷が東西に並んでいました。その広さは、前者が間口七丈（約二一・二m）・奥行六丈（約一八・二m）、後者が各六丈と七丈で、ほぼ

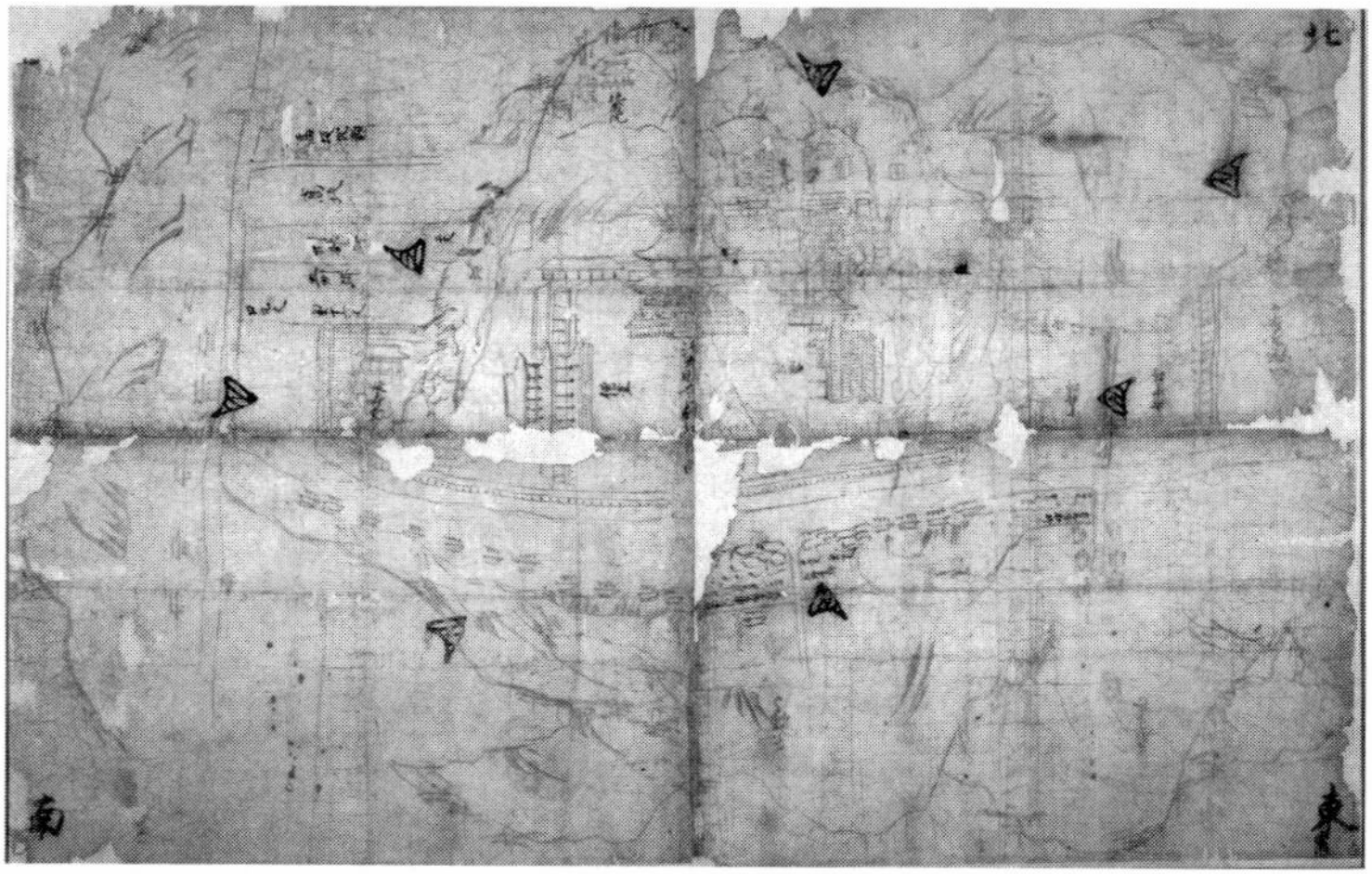

浄光明寺敷地絵図　鎌倉市・浄光明寺蔵（国重要文化財）

同じくらいの屋敷地です。

大仏氏は義時の弟時房からその土地を受け継いできたようです。「上野守跡」屋敷に相対して口一丈・奥九丈のウナギの寝床状の屋敷は、尾張国の武士英比《あぐひ》氏のもので、大仏氏の家臣であったようです。

絵図には、今も使われるＪＲ横須賀線脇の道沿いに、短冊形の土地に武士名が記されています。「土《ど》州《しゅう》跡」（北条宗泰《むねやす》、または摂津《せっつ》親如）、「刑部《ぎょうぶ》跡」（摂津親鑑《ちかあき》）、「高坂《たかさか》」（武蔵国武士）・「高坂地類」などの屋敷地でした。また、「地蔵堂道」とは浄光明寺の上段平場にあった旧塔頭《たっちゅう》の地蔵院へ抜ける道で、今でもその階段跡がはっきりと残っています。

摂津氏は、中原親能を祖とする家です。親能は頼朝三女である三幡《さんまん》の乳母夫《めのとふ》でした。しかし一四才で彼女は亡くなり、親能の建てた亀谷堂の傍らに葬られています（『吾妻鏡』）。以後、この地は一族の摂津氏が継承しますが、この系統の摂津氏は北条氏とともに鎌倉時代末には滅亡してしまいます。同じ親能を先祖に持つ大友氏は、討幕方に転身したため、亀谷地区内の「鎌倉亀谷地壱所、先祖墓所、宿所地など」を南北朝・室町時代にも伝えていくことができました（大友文書）。

幸いに金沢貞顕がこの地区の火事を記録してくれました（金沢文庫文書）。扇谷「馬権助家時《いえとき》」（大仏家時・高直の兄）の門前に住む秋葉《あきば》入道《にゅうどう》と高橋某の喧嘩がもとで火事を出し、「亀谷の少路」（横須賀線沿いの道、薬王寺《やくおうじ》へ出る）まで延焼しました。さらに北側へも広がり、「浄光明寺西頬《つら》」「土佐入道宿所」「諏訪《すわ》六郎《ろくろう》左衛門《さえもん》入道《にゅうどう》家」までもが焼失してしまったのです。焼けなかったのは「右馬権助《うまのごんのすけ》」「右馬権頭《うまのごんのかみ》（北条）貞規《さだのり》後室《こうしつ》」「刑部《ぎょうぶ》権大輔《ごんのだいふ》入道《にゅうどう》宿所」（摂津氏）「大友近江入道宿所」（貞宗《さだむね》）だけでした。北条貞規は父が師時《もろとき》、妻が赤橋久時《ひさとき》の子、その妹登子が足利尊氏の妻ですので、尊氏とは義兄弟の関係です。大友貞宗は九州鎮西奉行という高官ですが、大友氏伝来の地亀谷に屋敷を継承していたのです。

このほか、冷泉家出身の伝阿仏尼《でんあぶつに》墓が英勝寺《えいしょうじ》続きに、子の冷泉為相《ためすけ》の墓が浄光明寺にあることなど、公家たちもまたこの地域とはかかわりが深いのです。

このように、扇谷・亀谷・藤谷地区は、北条執権・得宗家の邸宅をはじめ、その家々と親族関係となった有力御家人や得宗被官などの宿所が建て込んで密集していた地域だったのです。まさに鎌倉時代の、「上級御家人」高級住宅地であったといえましょう。

10 「上級御家人」安達氏の屋敷がみつかる！ マナ板が語るさまざまな情報

文永二年（一二六五）六月一日、無量寿院《むりょうじゅいん》で安達義景《あだちよしかげ》の一三回忌仏事が行われ、十種供養《じっしゅくよう》や一切経《いっさいきょう》があげられました（『吾妻鏡』）。三日目の正日《しょうにち》に多宝塔《たほうとう》一基が建てられ、その供養を若宮別当隆弁僧正《わかみやべっとうりゅうべんそうじょう》が挙行しています。二階堂《にかいどう》氏や武藤《むとう》氏など幕府引付・政所奉行人ら数人ほどが結縁《けちえん》のために出席しました。しかし、説法《せっぽう》の最中に車軸のような激しい雨が降り出し、山上に設けられていた聴聞《ちょうもん》の仮屋《かりや》がひっくり返り、かろうじて人々は逃げ出しました。ただ、男女二人が峯から道の北側に転落し、半死半生になったといいます。おりしも梅雨の季節、その後も激しい雨で亀谷《かめがやつ》・泉谷《いずみがやつ》では山崩れが続き、人馬が土石流で生き埋めとなり、掘り出されて助かった者もわずかであったといいます。

安達義景の娘は、執権時宗《ときむね》の室として貞時《さだとき》を生み、のちに東慶寺《とうけいじ》を創建した潮音院覚山志道尼《ちょうおんいんかくざんしどうに》という女性です。年の離れた兄泰盛《やすもり》の養女となり、幕府中枢を担う女性として育てられたのでした。

安達家は、泰盛曽祖父の盛長《もりなが》以来、頼朝の重臣として仕え、宝治《ほうじ》元年（一二四七）に三浦氏を滅ぼしてからは筆頭御家人として、さらに執権北条氏の外戚《がいせき》として幕府内部に大きな力を持っていきます。泰盛の叔母の松下禅尼《まつしたぜんに》は、時頼の母として彼を教育したことが『徒然草《つれづれぐさ》』でよく知られています。『蒙古《もうこ》襲来《しゅうらい》絵詞《えことば》』にも御恩奉行《ごおんぶぎょう》として活躍する泰盛の姿が見られます。安達家はまさに鎌倉幕府の上級御家人といえるのです。

鎌倉駅西口の今小路西遺跡から文永二年五月の年号のあるマナ板が出土、反対側に武士の名前がありました。「一日一夜」で三番ずつ計九人、つまり三日間三人交代の不寝番《ねずのばん》勤務の規定でした。「あきま」「かせ」「うしおだ」「かすや」など、その「氏」は安達氏所管の上野・武蔵国の関係者です。日付の一か月後が安達義景の一三回忌法事当日です。その準備に安達家の関係者は動員されていたのです。

甘縄神明宮　石段を下った一帯に安達泰盛の屋敷地があったと考えられている　鎌倉市

こうした行事名簿の掲示場所は「台所」が普通でした。下働きの人や職人・商人らも出入りするところに平仮名で書いて掲示し、周知したのでしょう。行事が終わったあと、その板はマナ板として使われた証拠に刀子《とうす》の傷がついています。厨房の調理人が求めて再利用したのでしょう。

マナ板が出た地域は、昔から「無量寺《むりょうじ》」「無量寿谷」とよばれている地区でした。発掘では鎌倉時代後期の大きな武家屋敷の建物とたくさんの漆器椀が出ています。石で固められた道路と整備された側溝に沿って、それらの建物は建てられていました。おそらく、この道が鎌倉時代後期の「今小路《いまこうじ》」だったのではないでしょうか。

『吾妻鏡』仁治二年（一二四一）三月条に、前浜の庶民家の失火が烈風で数百宇に広がり、甘縄山麓を限る「千葉介《ちばのすけ》（時胤《ときたね》）、秋田城介《あきたじょうのすけ》（義景《よしかげ》）、伯耆前司《ほうきのぜんじ》（葛西清親《かさいきよちか》）」などの屋敷が燃えたとあります。また、正嘉二年（一二五八）正月には、「秋田城介（安達泰盛）甘縄宅」から出た火事が南風により煽られて「薬師堂後山《やくしどうごさん》」を越え、寿福寺《じゅふくじ》の惣門《そうもん》・仏殿庫裡《ぶつでんくり》などが全焼、さらには新清水寺・窟堂《いわやどう》とその付近の「民屋《みんおく》」、「若宮宝蔵《わかみやほうぞう》、同別当坊」まで広がってしまったとあります。

また、千葉氏の屋敷は、寛喜三年（一二三一）十月の記事では、将軍頼経の御願御堂の建設候補地について「甘縄城太郎（安達泰盛）南、千葉介（時胤）北」と記載されます。江戸時代後期の絵図類も南から「千葉地、無量寺、綱広谷《つなひろがやつ》」と今小路沿いに記されています。こうした記事からも「甘縄」は、これまでのように長谷の甘縄神明社付近だけではなく、「無量寺」地区も含む範囲と想定できるのです。

鎌倉歴史文化交流館の奥の谷発掘では、北側谷には玉砂利《たまじゃり》のある中嶋《なかしま》、鑓水《やりみず》などの庭園跡、南側谷に基壇《きだん》をもつ開山堂のような礎石建物跡が出土しています。谷の入口に安達氏の屋敷が、その一番谷の奥にこうした立派な寺があるとすれば、それは菩提寺といってよいでしょう。安達義景の一三回忌はここで行われたと考えてよいと思います。

11 汲み取り式は当たり前、水洗式の高級トイレも。中世のトイレ事情とは？

「後架《こうか》」「東司《とうす》」「西浄《せいちん》」「閑所《かんじょ》」「雪隠《せっちん》」「憚《はばかり》」「川屋《かわや》」、まだまだ呼び方はいろいろあります。中世絵巻物の『餓鬼草子《がきぞうし》』に、大人の男女や児童が思い思いの方向で用を足している有名な図があります。周りで「伺便餓鬼《しべんがき》」が「出るモノ」を伺っているのです。裸姿の児童でさえも高下駄を履《は》いて、右手に板棒《いたぼう》をもっています。うしろは崩れた土塀、右は民家で路地のようです。これこそ『宇治拾遺物語《うじしゅういものがたり》』にある都の「糞の小路《くそのこうじ》」（錦《にしき》の小路）の姿なのではないでしょうか。裸の児童の高下駄も大人用です。もしかしたら、誰もが履いて使える「跳ね上がり防止用高下駄」が常置された、「公衆道端トイレ」だったかもしれません。

都市鎌倉のトイレ事情を発掘事例から見てみましょう。鎌倉幕府の役所・政所跡から特異な三基の穴が見つかりました。平均すると長さ一六八センチ、幅七四センチ、深さ五八センチです。お互いが一メートルほどの間隔がありました。政所北を通る横大路（現、一ノ鳥居前道）と掘立柱建物跡との脇に位置していました。不思議なことはカワラケはまったく出土せず、かわりにウリ・スモモ・ナス科の種、小魚骨などがのちの土壌調査で見つかったことです。決定的な証拠は、横大路南側に位置す

上：『慕帰絵詞』（写本）に描かれた庶民のトイレ
南北朝時に描かれたもの　国立国会図書館蔵
下：出土したトイレの踏み板と杭　大田区立郷土博物館編『トイレの考古学』より転載

る土坑②の中に落ち込んだ状態で、真ん中を六角形にくりぬき、それが半切になった状態の板二枚が見つかったのです。どうやらトイレの踏み板のようでした。この板をくっつけて土坑穴に渡すと二〇～三〇センチの穴がある板となります。つまり穴は排便用の穴と考えられたのです。若宮大路を東西に横切る大町大路と車大路に挟まれた大町二丁目地区は、鎌倉時代は一般庶民の住居地域です。一二世紀後半から一三世紀後半にかけてのすり鉢型トイレ跡（土坑）がありました。建物に接して東西に三列、三時期のものです。土壌内からはウリの種が出ています。また、土坑穴を少し出るほどの渡し板二枚、板ずれを防ぐ杭なども見つかりました。まさに絵巻『慕帰絵詞《ぼきえことば》』にみえる便所のようでした。

移転三度目の若宮幕府跡からは、ナント！水洗式「高級トイレ跡」が出てきました。若宮大路東の側溝に流れ込むように、東西に走る溝の上に箱型の木組みで梁《はり》を渡した上に板を二枚載せたものです。

二枚の板間隔は一五センチメートルほどで、板下は水が流れたと思われます。さらに溝の箱型木組み内部に水をせき止められるように堰《せき》が作られていました。トイレを使う人は、若宮大路側溝側を背にして板をまたいで座り、用が終わると上流側に溜めた水（自然水・生活用水混入か？）を自分で堰板を外して流すことで汚物は側溝へ流れるのです。まさに水洗式「高級トイレ」といえましょう。

そう、お尻を拭くのはなんだったのでしょう。それは「籌木《ちゅうぎ》」と呼ぶ棒のような木を使いました。その証拠に排水された側溝付近にいくつも見つかっています。『餓鬼草紙』に児童が右手に持つ棒に相当します。その絵では紙も散らかってはいますが貴重品です。遺跡としては、紙は遺物としては残らないのでわかりません。

都市鎌倉のトイレは、政所跡・大町二丁目のトイレは汲み取り式、若宮幕府跡トイレは水洗式トイレということがわかってきました。ほかに「公衆道端トイレ」もありました。若宮大路の西側溝の脇に円形の穴三ヶ所を掘ったものです。土の科学分析から、鞭《べん》虫卵や蛔《かい》虫卵がたくさんみつかっています。多くの人が使ったトイレであることが推定されます。

若宮幕府跡の水洗式「高級トイレ跡」箱型木組み内には、完形のカワラケがたくさん放り込まれた状態でした。つまり、トイレの廃棄が行われた証拠なのです。「御不浄」という言葉は最近まで使われ、「烏枢沙摩様《うすさま》」がいると、私たちは教えられてきました。ここに、トイレの神仏への深い感謝が込められていると思うのは深読みでしょうか。

12 正応の大地震が発生、そのとき鎌倉に何がおきたか？

正応六年（一二九三）四月十三日、推定マグニチュード七・一の直下型《ちょっかがた》の揺れが鎌倉を襲いました。卯の刻（午前六時頃）でした。寺院の堂舎《どうしゃ》はほとんど転倒し、死者は「幾千人《いくせんにん》」に及んだかわからない様子でした。建長寺も炎上して道隆禅師《どうりゅうぜんじ》の御影堂《みえいどう》のみしか残らなかったといいます。その後も数日間は揺れが休むことなく続きました。この地震に遭遇したのは久我通忠《こがみちただ》の子で、醍醐寺覚洞院《だいごじかくとういん》の僧《そう》正親玄《じょうしんげん》です。当時、彼は北条得宗家の護持僧《ごじそう》として鎌倉に呼ばれていました。彼が鎌倉に滞在していた正応五年から永仁二年（一二九四）十二月までの日記『親玄僧正日記』から、その様子を追ってみましょう。

翌四月十四日にも小さな地震が起きており、親玄は愛染王《あいぜんおう》の護摩《ごま》を始めるようにと得宗貞時から命じられて早速行っています。またこの日、親玄の従者と思われる行剣《ぎょうけん》が浜辺を見回ったところ、浜の鳥居あたりに死人が一四〇人ほどあると人づてに聞いてきたといいます。以降もしばらく余震が続き、都市鎌倉は人心不安の状況となりました。こうした事態を親玄僧正は「珍事《ちんじ》」と呼んでいますが、幕府関係者はどのように受け止めていたのでしょうか。

まず行うべきことは、お祈りを捧げることでした。すでに発生当初には、親玄僧正へ得宗貞時に仕える僧頼友《らいゆう》を通じて「愛染護摩」（息災《そくさい》・調伏《ちょうぶく》・増益《ぞうやく》など）を執行するよう連絡があり、始めています。次いで二日目以降には遠江僧正公朝《とおとうみそうじょうこうちょう》は「不動《ふどう》」（諸願成就《しょがんじょうじゅ》など）、覚乗《かくじょう》が「金剛童子《こんごうどうじ》」などの護摩を行っています。しかし間断のない揺れのために、ついに十九日には「殿中《でんちゅう》」で「大北斗法《だいほくとほう》」を勤修《ごんしゅう》することとなったのです。

「関東類焼大地震絵図」 江戸時代におきた元禄地震の様子。家屋の倒壊と逃げ惑う人々の姿が描かれる

「殿中」とは執権北条貞時の屋敷を示します。その法は供僧二〇人で行う「大法《だいほう》」です。浄衣《じょうえ》・鈍色表袴《にびいろうえのはかま》・平袈裟《ひらけさ》などを付けた僧侶が仏眼真言《ぶつげんしんごん》などを護摩壇のところで祈禱するものでありました。日記では小野流とは異なる仕方で行われたようで、親玄はその様子をかなり細かく記録しています。彼ら祈禱する僧にとっては、流派が重要でした。ちなみに、親玄は醍醐寺地蔵院《じぞういん》流を師資相承《ししそうじょう》していることが知られています。二十日戌《いぬ》の刻（午後八時頃）に佐々目《ささめ》の屋敷で彼自身が「愛染王護摩」を「大北斗法」の手替わりとして祈禱し

ています。護持僧としての面目躍如《めんもくやくじょ》というところでしょうか。

二十二日、寅の刻（午前四時頃）に大事件が発生しました。平禅門《へいぜんもん》（平頼綱《たいらのよりつな》）が粛清《しゅくせい》されたのです。頼綱は北条貞時の乳母夫《めのとふ》で、得宗家御内人の筆頭、内管領《うちのかんれい》（執事とも）といわれた実力者で、霜月騒動では安達泰盛《あだちやすもり》を滅ぼした張本人でありました。しかし、親子関係のもつれから、子宗綱が父頼綱と弟飯沼資宗《いいぬますけむね》の謀反計画を内部告発したのです。材木座《ざいもくざ》海岸東側の経師谷《きょうじがやつ》から小町方面が放火され、九三人が死んだといいます。北条貞時の笠井（葛西）屋形にいた女子二人も巻き込まれて死亡しています。事件の情報は、関東からの使者により京都にもたらされています。安達泰盛を誅滅した後の平頼綱の専制政治に、人々は恐れおののいたと記され、その滅亡は「驕過の故《ゆえ》」であったといわれました。地震による混乱は、集団ヒステリーを呼び起こし、北条貞時は平頼綱を葬り去ったといわれています。関東大地震時期の朝鮮人・社会主義者虐殺事件を彷彿とさせるようです。

当の鎌倉では、幕府による被害住民たちへの直接的な救済事業などの提案は何もなされていません。だからといって無策とはいえません。当時の救済とは、幕府将軍と得宗家の安寧《あんねい》を神仏へ祈禱することでありました。さらに、朝廷で改めて改元を行うことも天皇と朝廷の安寧を保つための重要な救済だったのです。正応六年の春から夏の大干ばつ、四月の関東大地震などが朝廷を動かし、永仁《えいにん》と改元させたのでした。いずれにせよ〝地震〟による社会不安は、朝廷や幕府を動かし、歴史をかえる契機となったことは否《いな》めないでしょう。

13

鎌倉の顔とも言える、有名な**長谷大仏**は謎だらけの仏様

長谷の大仏　銅造阿弥陀如来坐像の大仏で造像の経緯については不明な点が多い。もともと大仏殿が存在したことが境内の発掘調査で確認されている　鎌倉市・高徳院蔵（国宝）

長谷《はせ》高徳院《こうとくいん》の露座《ろざ》の大仏。拝観券には、国宝銅造《こくほうどうぞう》阿弥陀《あみだ》如来《にょらい》坐像《ざぞう》で建長四年（一二五二）から十数年前後の歳月をかけて造られたと書かれています。『吾妻鏡』には、釈迦《しゃか》如来《にょらい》とあって、そのお姿は異なるようです。同書には、初めに木造の阿弥陀仏ができ、次には金銅阿弥陀仏も造られたことが記されます。二つの仏さまの関係さえ論議が複雑で、どのような手順や目的で造立したのさえも百家争鳴《ひゃっかそうめい》の様相なのです。

原典の『吾妻鏡』には、たった六か所しか出てきません。嘉禎四年（一二三八）十一月に「相模国深沢里大仏堂《ふかざわのさとだいぶつどう》」で事始めが行われ、僧の浄光《じょうこう》が勧進して企画したといいます。天候が目まぐるしく変わる日でした。同年五月には「大

仏の御頭」が挙がります。「周《しゅう》八丈」の大きさでした。仁治二年（一二四一）三月、「深沢の大仏殿」の「上棟《じょうとう》の儀」が行われました。同年四月、預かった囚人《しゅうじん》を逐電《ちくでん》させた罰として「新大仏殿の造営」に過怠料を納めるよう幕府は御家人に命じています。

寛元元年（一二四三）二月には「深沢村」に「八丈余阿弥陀像」が「一宇の精舎」に安置され、供養がなされます。導師は勝長寿院別当《しょうちょうじゅいんべっとう》の良信僧都《そうず》、また勧進聖の浄光はこの六年間にわたって都鄙《とひ》を勧進し、奉加《ほうが》を集めたとあります。そして建長四年（一二五二）八月、「深沢の里」に「金銅八丈の釈迦如来像」が「鋳始」めされたのです。

これらの史料では、建長四年の記事にのみ「金銅」と出るだけで、それ以前は書いてありません。でも「大仏の御頭」が挙げられたという記事から、これ以前は木造の仏だと指摘されています。大きさも中国の周時代の単位を使って表現されているといいます。「周八丈」とは、半身像の髪際から趺《ふ》坐《ざ》までの高さに相当し、三丈二尺（約一〇・五メートル）の大きさとなるそうです。今の大仏より小さいものです。

それから「大仏殿」の「上棟の儀」、つまり棟《むね》上《あ》げが実際に行われた様子です。ただし、北条泰時はそこにいませんでした。おりしも自宅獄舎預かりの御家人が囚人を逃がしたため、その罰金として銭を大仏造営資金の一助として出させる処理をしています。

寛元元年、ようやく大仏殿が完成、落慶《らっけい》供養が行われ、八丈余りの阿弥陀像であることが明記されています。さらに建長四年に金銅づくりで八丈の釈迦如来が「鋳始」めされます。これまでの流れから見ても、寛元以前の木造大仏とは異なるものとみられます。

ここで疑問にあがるのは、木造と金銅の大仏の関係です。木造は金銅鋳造のための元型とする論者、木造は仮の造仏で金銅仏が本目的とする論者、木造が破壊したため新たに鋳物で金銅仏としたとする論者、と大きく三つの考え方に分けられます。さらにこうした基本的な思考理論のうえに、製作主体と祈願趣旨の問題（幕府主導、民間勧進主導など）、さらに何よりも現存する「長谷大仏」が鎌倉時代鋳造の仏と同一のものとするかどうか、などで論者の意見は区々となります。

でも『吾妻鏡』の記載に戻って率直に受け止めて、建長四年に「金銅八丈の釈迦如来像」が「鋳始」めされたことを重視すべきではないでしょうか。この年は、末法《まっぽう》思想でいえば到来二〇一年目にあたります。北条時頼は将軍藤原頼嗣《よりつぐ》を追放し、親王将軍を迎えます。そして建長寺も建立します。時代が改めて変わる時期に金銅仏の建立（計画）は幕府にとっても喫緊《きっきん》の課題ではなかったでしょうか。

勧進僧の浄光が鎌倉に入った然阿良忠《ねんなりょうちゅう》との対話の中で、いまだ仏が完成していないことを伝えています（受決鈔《じゅけつしょう》）。金銅仏と大仏殿の最終的な完成は、弘長二～三年（一二六二～三）と多くの論者が認めています。その前年の弘長元年までに、おそらくは基本形が完成したのではないかと思われます。まさにその年の干支は「辛酉《しんゆう》《かのととり》」なのです。改元とともに完成させた大仏に人心を新たにする願いを込めていったのが、鎌倉幕府当局者と僧侶たちの描いた「鎌倉大仏」像だったのではないでしょうか。

14 鶴岡八幡宮の信仰を支えた密教系僧侶。京都で修行を積んだその実像は？

鶴岡八幡宮はいったいどんな信仰なのでしょうか。頼朝の鎌倉入部とともに始まり、いわば新規開設の社といえます。ただ、勧請《かんじょう》したのが石清水八幡宮の八幡神なので神事・仏事の方法や先例など、具体的には京都での伝法灌頂《でんぽうかんじょう》や顕密《けんみつ》仏教の教えなどを学ぶことが必要でした。八幡宮トップの役職である社務になった人たちから、鎌倉時代の八幡宮の信仰をみてみましょう。

頼朝は、従兄弟の円暁《えんぎょう》を鶴岡社務に招聘《しょうへい》します。彼は天台寺門（園城寺《おんじょうじ》）で学んだ高僧でした。京都では天台山門（延暦寺）勢力との狭間で出世は難しかったようで、すぐに鎌倉にやって来ます。また弟の尊暁《そんぎょう》も流人《るにん》の身分のままでしたから、かなり危ない橋を渡ったともいえましょう。でも弟の尊暁もまた鎌倉に下ってきます。以降、寺門派の僧侶たちが続いて鎌倉に下向《げこう》してくるようになりました。

頼朝は、都で本格的な修行を積んだ僧侶たちを鶴岡八幡宮での諸行事に奉仕させようと考えていた様子です。でも、自分の造った勝長寿院などの特別祈願などは、園城寺の前長吏《ぜんちょうり》である公顕《こうけん》に改めて依頼しています。作法や効験《こうけん》などに、まだ不安があったのでしょうか。

密教系の人たちと八幡宮との関係は、定豪《じょうごう》が最初です。彼は京都仁和寺《にんなじ》を拠点に真言密教（広沢流）

の法流を承けた専門の僧侶でした。頼朝は早速に鶴岡供僧《ぐそう》に任命しています。その後、勝長寿院別当を経て鶴岡社務職にも補任され、鎌倉に真言密教の荘厳《しょうごん》さとその効能を幕府関係者に認めさせるほどに成長していくのです。

源実朝は、平教盛《のりもり》の子小川法印忠快《おがわほういんちゅうかい》を招き、天台系のさまざまな御修法《みしほ》などを行わせています。これがきっかけとなり、延暦寺出身僧が将軍家の修法を行うようにもなりました。しかし、寺門派で八幡宮社務の公暁《くぎょう》《こうぎょう》が実朝暗殺の張本人になってしまい、真言密教系の勢力に替わっていきました。

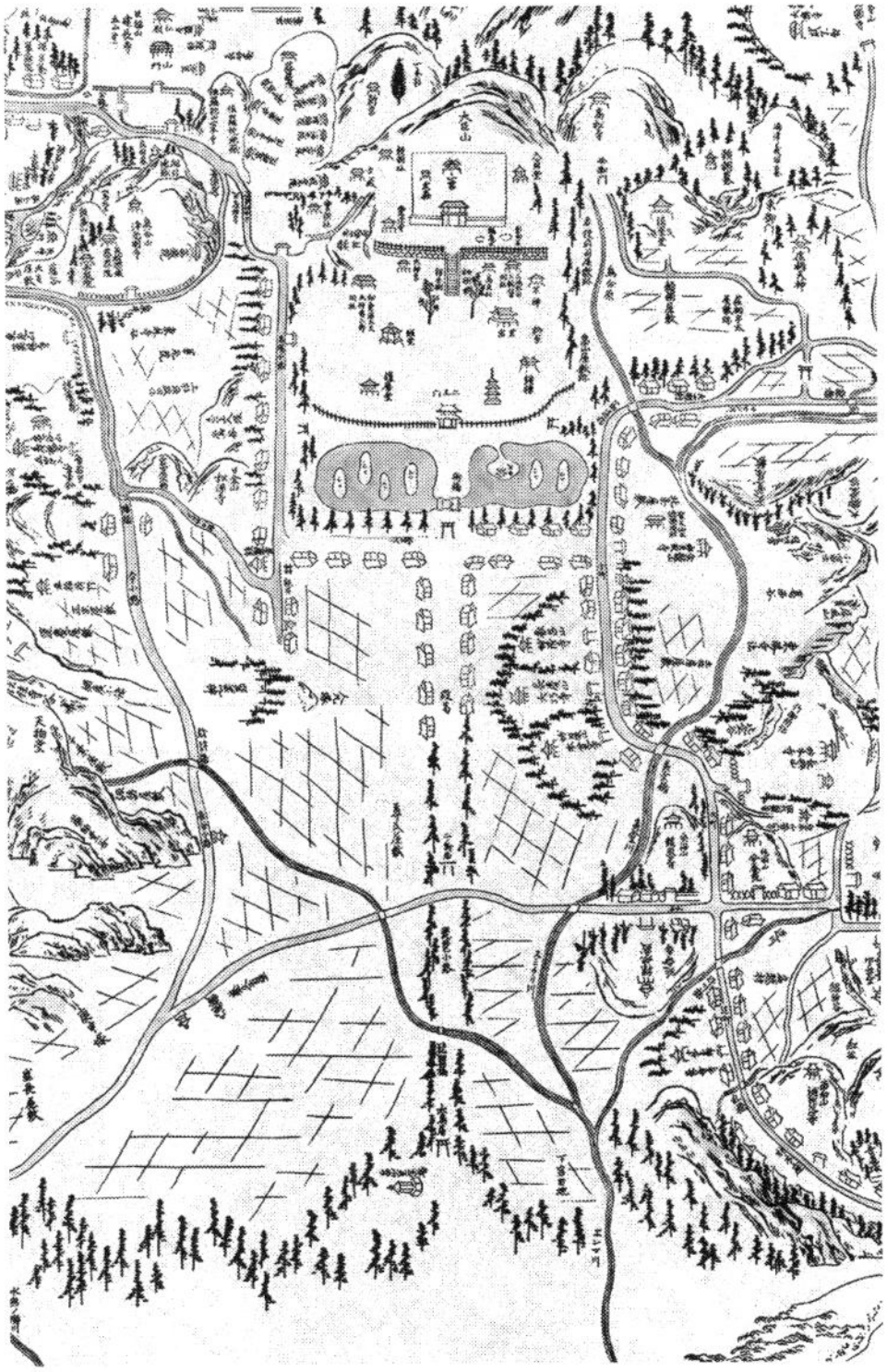

江戸時代の鶴岡八幡宮とその周辺が描かれた版本。神仏習合の時代にあって大塔や護摩堂の仏教的建物も築かれている　個人蔵

摂家将軍時代には、京都から九条家を通じて三《み》室戸《むろと》僧正《そうじょう》道慶《どうきょう》（寺門派）や忠快の弟子である良信《りょうしん》などが下って来ています。ただし彼らは将軍御所を中心に活動して、御《ぎょ》

願寺《がんじ》の別当となりました。さらに定親《じょうしん》が北条氏から大きな信頼を得て、真言広沢流の鶴岡社務としても活動していきます。しかし三浦泰村《やすむら》の義理の兄となっていたため、宝治合戦の関係者として仁和寺に引退していきました。次の鶴岡社務は寺門派の隆弁《りゅうべん》で、将軍家の祈禱を行い、また多くの弟子を育てたことでも知られています。のちに園城寺別当となる公朝《こうちょう》、北条氏出身で園城寺長官と鶴岡社務になる顕弁《けんべん》など、俊才を輩出していきました。

親王将軍時代では、弘安六年に鶴岡社務として執権北条経時の子頼助《らいじょ》が就任します。彼の経歴は、鎌倉の佐々目遺身院《ゆいしんいん》で伝法灌頂《でんぽうかんじょう》（真言広沢流）、京都仁和寺で仁和御流《にんなごりゅう》の継承、法印権大僧都《ほういんごんのだいそうず》、東寺二長者《じにのちょうじゃ》、大僧正への出世というように、京都顕密仏教界でも引けを取らない経歴の持ち主でした。

次の社務の政助《せいじょ》も、北条宗政《むねまさ》の子で頼助から灌頂を授けられました。北条氏一門が鶴岡社務を務めることは、幕府宗教をも手の内に入れていくことにもなりました。しかし、その後は、特定の法流が社務を独占するようなことはなくなり、天台寺門派と真言密教系の僧侶が次々と交代していきました。いわば名誉職の一つというものにかわっていったのでした。

幕府崩壊時の社務は北条兼義《かねよし》の子有助《ゆうじょ》です。彼も頼助から伝法灌頂を受けた一人でした。時の執権高時《たかとき》は、幕府御所で護持僧らに天下静謐《せいひつ》の祈禱や楠木正成《くすのきまさしげ》調伏《ちょうぶく》の祈禱をさせています。しかし、護持僧自身が「関東滅亡《かんとうめつぼう》時節《じせつ》、時至《ときいた》るものかな」、もはや手遅れ、と記しています（『門葉記』関東冥道供現行記）。有助自身も、高時とともに東勝寺《とうしょうじ》で最期を迎えたのでした（『太平記』）。

15 発掘調査の成果が続々と。創建当初の鶴岡八幡宮の姿が甦る

鶴岡八幡宮の地下は、鎌倉の歴史の原点といえます。でも限られた発掘でしかわかりません。これまでの記録から、早速に社務所増築地・直会棟《なおらいとう》・武徳館新築地の地下を垣間見てみましょう。

玉砂利下からラムネ瓶・楽焼《らくやき》破片・瓢箪型醤油《ひょうたんがたしょうゆ》入《い》れなど、見たことのあるものが出土。さらに第一面からは、規則正しく並ぶ石の塊を発見。それが寛永三年（一六二六）、徳川秀忠《とくがわひでただ》の命による大塔跡の礎石であることは、八幡宮が所蔵する享保十七年（一七三二）の境内図で確認され、明治三年（一八七〇）以前の古写真にその大塔の雄姿が写っています。

第二面は攪乱《かくらん》で不明。第三面の東側からは南北に幅二メートルほどの幅で安山岩で固められた道状遺構、土止めした溝も発見。江戸期の大塔基礎がこの遺跡を壊していること、遺跡両側の規則的な礎石の存在から、天正十九年（一五九一）に秀吉の命で増築された廻廊《かいろう》跡だと、八幡宮に残る天正指図《さしず》と照合してわかりました。また、今の社務所前の石段上に「仁王門（南大門）」、舞殿付近が「下の楼門」、そして東西に「門」もあったことが図面から確認できました。

第五面は地表下一メートル二〇センチメートルほどが一五世紀後半から一六世紀初頭の面です。第

鶴岡八幡宮境内から戦国時代に造作された回廊の遺跡が見つかった。天正19年（1591）に豊臣秀吉が徳川家康に修理を行わせた指図に描かれた回廊部分に一致する　鎌倉市

六面一メートル五〇センチメートルからは大穴が発見されましたが不詳です。

地表下二メートルの第七面は、鎌倉時代初期の地層で、海砂が地山の上に敷き詰められていました。そこに鎌倉石（土丹《どたん》）を形を整えて幅二メートル余、上面を平に加工し、南北に数一〇メートル余でさらに南に続くであろう道状の遺構が出土。その真ん中は幅五〇センチメートルほどの参道のような溝がありました。この道状の遺構、全体として調うように成形された鎌倉石（土丹）と隙間を埋める鎌倉初期の瓦破片が詰められていたことから、かなりていねいな造りであることがわかったのです。しかし、文献の記録には該当するような記事は何もありません。

旧弓道場跡地、今の横浜国立大学付属中学校との境付近の地下からは、南北方向に積み上げられた石垣を発見。高さが約一メートル、東側の面を成形した鎌倉石を四段に積み上げたものが五〇メートルほど続いていました。その石垣内西側も土塁となっていたのです。これが今に続く東側土塁の境界線と一致し、八幡宮ができた頃の東境ではないか、と判断されています。

この土塁下をさらに掘り下げ、地表下四メートルから石垣より古い時期の遺構が出土。それは上下二段構成で、上の角材と下の角材のほぞ穴をくさびで繋《つな》いでいます。また、土塁の基礎部分からは、二〇センチメートル以上の厚さで大量のカワラケが堆積していました。これは八幡宮を最初に作る際に、境の石垣と土塁造成のためのマジナイとして埋めたものと判断されています。それにしても、今もある八幡宮の東側境界の土塁が、創建当初の八幡宮東側の境であったことがこの発掘で確定されたのです。ここから出土した遺物のうち、主に鎌倉時代で特徴的なものをいくつかをご紹介します。

まずは大量に出た瓦類です。鬼瓦・面戸《めんど》瓦・男女瓦などです。三鱗紋《みつうろこもん》と花押が押型具で押された円盤もありました。北条氏の家紋ですので、寄進をした人物のサインなのでしょうか。大きな瓦が載る社は、当時としては見事だったことでしょう。調理用具では、鍋（石・土）・こね鉢・擂鉢《すりばち》・おろし皿・ホウロクなどです。土製の鍋は伊勢産です。鎌倉期のこね鉢は内面にはほとんど筋がありませんので、粉をこねたのでしょう。瀬戸製おろし皿は、注ぎ口がつき、イモや大根、生姜《しょうが》などをおろしたかもしれません。高級品の青磁や白磁の天目《てんもく》茶椀・皿・大量の漆椀もあります。寺社内での食事や喫茶《きっさ》風景などが想像できます。弓道場跡地からは、下駄《げた》・草履《ぞうり》などが出土。長さがほぼ二三〜二四センチメートル、幅は一〇〜一一．五センチメートルでした。子供用は一七．五×八．六センチメートルです。草履の藁《わら》は残りません。これが平均的な鎌倉時代人の足の大きさでしょうか。

将棋の駒では、表が「鳳凰《ほうおう》」、裏は「奔王《ほんおう》」とありました。平安時代の「大将棋」を改良した「中将棋」

鶴岡八幡宮境内から出土した将棋の駒　鎌倉市　鎌倉考古学研究所刊行「掘り出された鎌倉—新発見の鎌倉遺跡と遺物展図録」より

であり、今までいわれていた室町時代誕生の駒でなく、鎌倉時代から使われていたものと、将棋専門家の指摘で明らかになりました。さらにその大きさと造りは、現代の駒とほぼ同じだったのです。ちなみにこの駒は前後左右に一マス、斜め方向には一マス飛ばして二マス目へ進め、さらに奔王になると前後左右に動けます。今の飛車と角があわさった駒のようです。八幡宮境内で誰が将棋を指していたのでしょうか。興味深いものです。

16

頼朝が築いた道と辻子。明日につながる道と消えた道が見え隠れする街

鶴岡八幡宮の門前から由比ガ浜へ向かって築かれた若宮大路と段葛（だんかずら）　鎌倉市

鎌倉中心部には、奈良時代の鎌倉郡衙《ぐんが》に入る道がありました。鎌倉の北部を走る六浦《むつら》方面から朝比奈《あさひな》峠《とうげ》を越えて、杉本寺《すぎもとでら》、荏《え》柄天神《がらてんじん》から窟堂《いわやどう》・鎌倉楯跡《かまくらだてあと》（寿福寺《じゅふくじ》）前から海側へ下る今小路《いまこうじ》・六地蔵《ろくじぞう》への道が一つあります。さらに海側には、小坪《こつぼ》・名越《なごえ》、下《げ》馬橋《ばばし》、塔《とう》の辻《つじ》、長谷《はせ》・極楽寺《ごくらくじ》方面を通る道がありました。とくに後者は古東海道《ことうかいどう》ルートの一つではともいわれています。

源頼朝の入鎌によって、これらの道を基礎にして新たな道づくりが行われました。浜の道（辻薬師《つじのやくし》）にあった元八幡宮《もとはちまんぐう》を北山鶴岡八幡宮に遷し、中央に「置石《おきいし》」と呼ばれる神事・儀礼の道を造成します。本拠地としての大蔵御所も八幡宮に東隣して建設しました。以降の二度にわたる御所移転も八幡宮のある若宮大路《わかみやおおじ》が基本となったのです。しかし、若宮大路が都の朱雀大路《すざくおおじ》になぞら

えて条坊《じょうぼう》が配置され、横道などが計画的に造成された形跡はまったくありません。『吾妻鏡』で鎌倉地名のあらわれ方が大路・小路、さらに辻《つ》（子《じ》）などを組み合わせたもの、具体的な地区名であらわれてくることからみても、鎌倉の人口が増えるごとに地域が広がっていることがわかるのです。

たとえば、若宮大路・今小路・小町大路《こまちおおじ》は幹線道路として、その維持管理は幕府主体と考えてよいでしょう。若宮大路の側溝跡《そっこうあと》からは御家人の名前と彼らが維持管理する道の長さを記した木簡が出土しています。それは、つまり公道ということに相当します。ただし、発掘された側溝木組み用材の長さと賦課単位が一致しないと指摘され、その実態は御家人から金を出させて、施工業者に任せたのではないかといわれています。『吾妻鏡』には悪口《あっこう》を言った罪罰として鎌倉中の道を造らせるようにあることなど、まさにこうした罰金委託方式といえるのかもしれません。

実際の発掘事例からみていましょう。大町大路《おおまちおおじ》は土丹《どたん》で舗装《ほそう》し、木組みの側溝を備えた立派な道路で、一四世紀以降には石切石で護岸が整備されていました。また、大巧寺《だいぎょうじ》（おんめさま）東側からは、小町大路跡と若宮大路を繋ぐ辻子道《つじみち》らしき幅六メートルほどで、路面は砕かれた鎌倉石（凝灰質砂岩《ぎょうかいしつさがん》）で堅く舗装された道が発見されています。

さらに二ノ鳥居の東側、今も若宮大路を横切る東西道と並行するように、幅三〜五メートル幅で改修舗装され、両脇には木組みの側溝が完備された道跡もありました。これらはともに一三世紀から二〇〇年近くも使われていたことがわかっています。路面には「わだち」の跡がしっかりと刻まれていました。二の鳥居付近は今と同じように絶えず車が通行していたことを証拠立ててくれるのです。辻（子）とは、二本以上の道があわさる交差点という意味です。これらが集まった「三つ辻」も見つかりました。鎌倉市中央図書館のすぐ南西側で幅約五．四メートルの東西道路、約二・三メートル幅の南北道路跡です。「土丹」と呼ばれる泥岩を堅く突き固めており、鎌倉時代から南北朝時代まで三時期に改修されながら約二〇〇年も使われてきた道でした。その丁字道《ていじみち》付近から、「顔」が描かれた鎌倉時代のカワラケが見つかっています。この細い南北道をまっすぐ伸ばすと、塔の辻の交差点と呼ばれる場所に続きます。そこは今でも笹目《ささめ》や佐助《さすけ》、由比ガ浜へ抜ける重要道路となっているところです。こうした「辻」といわれる交差点では、特別な風習があることが知られています。辻には道祖《どうそ》神《じん》や馬頭観音《ばとうかんのん》・地蔵などがまつられ、異界《いかい》とこの世を結ぶ境界領域を意味する場所でした。先の「顔」カワラケは、もしかしたらこうした儀礼に使われたものかもしれません。

文永二年（一二六五）、幕府は家の前の大路を掘り上げて屋敷を造ってはいけない、と法令を出しました。やはり塔の辻の近くの二軒の建物跡は、なんと幅七メートルもある舗装道路を壊して家を造っていたことがわかりました。一四世紀前半頃で、幕府は滅んでいましたので、お上など知ったことではない、といわんばかりです。

現代の都市鎌倉の地下には、今とつながる道と消えた道がいくつも見え隠れしているのです。辻子と路地を歩きながら、鎌倉人の声を聴いてほしいと願っています。

17
切通しとは、人とモノが集まるようインフラ整備した都市造りの痕跡

「切通し《きりどお》」とは、山の尾根を切り下げて通路にしたものです。人とモノが通るための利便さを求めたものでした。こうした場所が「極楽寺《ごくらくじ》・大仏《だいぶつ》・化粧《けわい》・亀谷《かめがやつ》・巨福呂《こぶくろ》・朝夷奈《あさひな》・名越《なごえ》」として「鎌倉七口《かまくらななくち》」と言われています。『吾妻鏡』に明確にその造成とその目的が記されているのは「山内《やまのうち》の道路」「六浦《むつら》の道路」のみですので、ここを中心に述べましょう。「山内の道路」とは巨福呂坂を指します。仁治元年（一二四〇）十月、執権の北条泰時はその造成のねらいを「険難《けんなん》」「往還《おうかん》の煩《わずら》い」があるからだ、と述べています。素直に読めば、その道は険しく、通行に支障があるためであり、決して防御のために造成するのではない、ということです。それから一〇年後の建長二年（一二五〇）、「山内並びに六浦の道路事」でも執権時頼は、「先年たやすく鎌倉に融通《ゆうずう》せしめんがため、険阻《けんそ》を直さると雖も当時また土石その閭巷《りょこう》（地域）を埋む」として、先年のように整備するように、と命じています。ここでも鎌倉への「融通」＝滞ることなく（人とモノが）都市鎌倉へ通行することをねらっているのです。とくに「六浦津」からの経済物資や船来品などが求められていたことは言うまでもありません。六浦津からの道路整備はかなりハードなものでした。「縄を曳き丈尺を打ち、御家人に配分せらる」

（仁治元年十一月）とありますが、鎌倉雪下の北条泰時・時頼邸跡から出土した、負担すべき御家人名と分担区間を明示した木簡が、こうした作業の実態を教えてくれます。予定通り翌二年四月から工事が始まりますが、その直前に鎌倉は大地震に見舞われました。由比《ゆい》大鳥居《おおとりい》内の拝殿《はいでん》が潮に流され、着岸の船数十艘が壊れました。自然災害は人心の不安を呼び起こします。事実、武田一門の不穏な動きなどもあり、すばやい対応が求められていたはずです。こうした時期こそ為政者の指導力が試されます。地震の二日後、北条泰時は自ら朝夷奈道造成工事の先頭に立って、自分の馬に土石を乗せるというパフォーマンスを行ったのです。それを見た多くの人が土石を運びました。発掘でも岩盤まで切り出した道や鎌倉泥岩を敷き詰めて道状にしたもの、沢筋の片側を切り出して道にした場所などが見つかっています。

とくに執権泰時の時代は、幕府も宇津宮辻子《うつのみやずし》に新規移転させ（嘉禄元・

釈迦堂切通し（しゃかどうきりどおし）　七口の中で最も雄大な姿を見せる。大町・名越から浄明寺（釈迦堂ヶ谷）をつなぐ切通しであった　鎌倉市

上：化粧坂切通し（けわいざかきりどおし）　扇谷から葛原岡へと続く坂である。鎌倉の警備上、重要な場所にあるため、新田義貞の鎌倉攻めの際に激戦地となったことで名高い　国指定史跡
下：名越切通し（なごえきりどおし）　鎌倉と三浦半島とを結ぶ交通の要衝に位置する。周辺には切通しの管理にも関係がある平場や切岸、やぐらや火葬跡など葬送に関する史跡も多く分布する　国指定史跡

一二二五）、評定《ひょうじょう》での証人制の改正（同二）、守護地頭所務の厳正執行（安貞元：一二二七）、寛喜の飢饉対応（同三）、貞永式目の制定（貞永元：一二三二）、和賀江島《わかえじま》の築港（同）、そして頻発する大地震や自然災害などへの対応など、精力的な政治活動が行われました。こうした諸政策が鎌倉を政治都市に造り替えていったのです。京都や諸国から人とモノが鎌倉に集まるように、政治経済的インフラ整備を行った時代といえましょう。「切通し」道は防御のための都市づくりではなく、「人とモノ」が流通する都市それを象徴するのが「鎌倉七口」なのです。

18 船来製品で東アジアとつながっていた鎌倉の海

金沢称名寺を訪問した北条貞顕《さだあき》は精進《しょうじん》料理を味わいつつ、寺僧の釼阿《けんな》から唐物《からもの》（中国や朝鮮など東アジア世界からの交易船来品）をみせてもらいました。しかし、彼の見立てでも「重宝《ちょうほう》」は見当たりません。さらに極楽寺物《ごくらくじぶつ》が市立で売りに出されると聞き、本当なのかを彼に聞いています。

建長三年（一二五一）と文永二年（一二六五）の二度にわたり鎌倉の商業地域を大町・小町ほか七か所に限定しました。ここから「和賀江《わかえ》」が除外されています。ここは津が開かれていましたので商業地域というよりは、交易地区といえるでしょう。それで幕府は極楽寺の所管とするため、ここを外したのです。おりしも忍性《にんしょう》が扇谷多宝寺《たほうじ》から極楽寺に異動する時期でした。日蓮は幕府に密着する極楽寺勢力を「飯島の津にて六浦の関米を取る」と厳しく批判しています。金沢に住まいを持つ北条貞顕でありながら、称名寺方丈《ほうじょう》に極楽寺物の売立て情報を求めていることは、称名寺は六浦を、極楽寺が飯島津を所管していたことであり、両寺で情報管理がなされていたことを示しているとみてよいのです。つまり双方が交易品などの情報連絡を取り合っていたことを知ることができます。

和賀江島の築港は貞永元年（一二三二）七月十二日、勧進聖《かんじんひじり》の往阿弥陀仏《おうあみだぶつ》による時の執権北条泰

和賀江島　中央に見える島状の部分が港である。当時の築堤は長い年月を経るうちに崩壊し、現在のように干潮の時間になると姿を現す状況になった　鎌倉市

時への申請にはじまり、十五日に工事を開始、八月九日に竣工完成しています。なんと二十六日間で出来上がりました。すでに筑前宗像《ちくぜんむなかた》の鐘御崎《かねのみさき》で「築嶋《ちくしま》」を造った実績をもつとはいえ、驚くべき組織力といえます。開始日には北条氏御内人《みうちびと》平盛綱《たいらのもりつな》が、竣工日には盛綱・諏訪《すわ》盛重《もりしげ》・尾藤景綱《びとうかげつな》が使いとして巡検しています。築港は、三浦半島や伊豆箱根の早川《はやかわ》・津久井《つくい》・丹沢《たんざわ》方面から採石された岩石を海中に積み上げていく工法でした。こうした人たちと原材料はまさに北条嫡流家に関わる「人とモノ」でした。そして多くの「諸人」がその作業を助けたと『吾妻鏡』は記しています。それはまた多くの人たちからの「勧進」事業そのものといえましょう。

　貞永元年は貞永式目《じょうえいしきもく》が作られ、幕府が京都朝廷に対して、相対的に自立していく特別な時期です。いわば泰時による鎌倉武士政権の独立宣言時期にあたります。和賀江島の築港は、その目的が「船の着岸の煩いをなくすため」とありますが、それは「唐物」を政治都市鎌倉に取り入れようとする施策と切り離すことはできないでしょう。

和賀江島は「飯島」と「和賀江」から編成されています。前者は人々の住む場所、後者は築港区域を示しています。南北朝時代には飯島には酒屋もあり、「(飯)島在家」には港湾労働者がたくさんいました。戦国時代には鶴岡八幡宮寺再建の材木、鳥居木《とりいぎ》などが小坪《こつぼ》（逗子市）に運ばれ、江戸時代を通じて、小坪・材木座・坂の下の地区住人が築港の修理に出ています。中世以来の伝統を「和賀江」地区は伝えてきたといえるのです。

明治期に撮影された金沢八景　風光明媚な地として知られていたが、昭和に入っての埋め立てでその美しい湾の風景は失われてしまった　横浜市金沢区

八幡宮入り口の赤橋《あかはし》屋敷に北条貞顕を訪ねた女性は、「会所《かいしょ》」でお茶を出され、邸内の公文所《くもんじょ》では部下たちが寄進状の検討をしている姿を伝えています。その「会所」には「唐《から》紙《かみ》」の障子が据えられていました。「から物・茶のはやり候事、なをいよいよまさりて候」と貞顕は手紙に記しています（金沢文庫文書）。鎌倉は舶来物を通じて東アジアにつながっていたのです。

19 鎌倉の街中で見かける、崖をくりぬいた貴人のためのお墓が「やぐら」

鎌倉を散策すれば、どこでも「やぐら」が目に触れます。物置や自宅の駐車場になっているものもあります。本来は横穴式《よこあなしき》のお墓、または供養のための場所で、一三世紀後半から造られ始め一五世紀の後半ぐらいまで続いたといわれ、鎌倉を中心に三浦半島、房総半島南部に多くあります。

横穴の入口を羨道《せんどう》といい、続いて方形の玄室《げんしつ》があり、その奥先に小さな納骨穴《のうこつあな》があけられています。そこには五輪塔《ごりんとう》が祀《まつ》られることが多く、壁に五輪塔が刻まれたものもあります。壁部分には「龕《がん》」といって厨子《ずし》の役目を持つ穴などが掘られ、ここに火葬した骨を納め供養も行ったようでカワラケ・香炉《こうろ》・写経石《しゃきょうせき》などもみつかります。江戸時代の人たちも注目し、『新編鎌倉志《しんぺんかまくらし》』に「鎌倉の俗語に巌窟をやぐらと云《いふ》なり」、『鎌倉攬勝考《かまくららんしょうこう》』には「わめき十王窟」「団子窟《だんごいわや》」「五輪窟《ごりんいわや》」とありスケッチが描かれています。こうした横穴は鎌倉時代では「窟堂《いわやどう》」（『吾妻鏡』）と記されるようで、『海道記《かいどうき》』でも「石屋堂《いわやどう》」と呼ばれていたことから、当初は「いわや」であったのでしょう。

多くの庶民は巌窟のような墓に火葬されることはなかったようで、海岸部の砂中に直接に葬られたのです。ここには身分と経済的関係があったことが想像されます。

20

「やぐら」を訪ねてみよう

右：源実朝のやぐらの外観　左：内部に祀られている源実朝の五輪塔　鎌倉市・寿福寺

鎌倉では個人宅の庭先や寺院奥、山中の崖などにやぐらが多いので、ここでは訪ねることのできる場所に限ってご案内しましょう。

北鎌倉駅に近い「明月院《めいげついん》やぐら」は、上杉憲方《うえすぎのりまさ》の墓が中央に建ち、奥行六メートル×高三メートルの鎌倉では最大のものです。奥壁面には舟形光背《ふながたこうはい》をもつ二尊《にそん》がたち、その周りに小尊像が多数あります。水戸光圀《みとみつくに》も訪れ、それを十六羅漢像《じゅうろくらかんぞう》と記しています。寺伝でも「羅漢堂《らかんどう》」とされてきました。

鎌倉駅西口の今小路道沿い「寿福寺《じゅふくじ》やぐら」は通称「画《えかき》やぐら」「唐草《からくさ》やぐら」と呼ばれ、内部に唐草文様が漆喰《しっくい》で描かれていると伝えられてきました。その五輪塔の主は将軍源実朝といわれます。隣に並ぶやぐらは伝北条政子とされ、親子が並んでいます。江戸時代から多くの人たちが訪れ、記録に残されてきました。また、栄西の入定窟《にゅうじょうくつ》とも伝承されてきました。このように記録が残されたやぐらはたいへん珍しいものです。なお、最近の研究では、漆喰の唐草文様は岩や水分の化学変化によるものではないかといわれています。

ＪＲ横須賀線扇ケ谷踏切を越えた東側奥にある「浄光明寺《じょうこうみょうじ》やぐら」には、正和二年（一三一三）銘の地蔵菩薩像が安置されています。その頭上は天蓋《てんがい》という仏の飾り跡とそれを支えるホゾ穴、入り口の扉穴もしっかりと残されてきました。地蔵像は当寺第三世性仙導空《しょうせんどうくう》師が造立・供養したことも銘文に記されています。地蔵背後の大きな納骨穴《のうこつあな》、天井などの彫り跡が良く残されていることなど、当寺にかかわる有力者の墓所かもしれないといわれています。ちなみに、当寺伝来の「浄光明寺敷《じょうこうみょうじしき》地絵図《ちえず》」（国重要文化財）には、執権の赤橋守時屋敷やこの地蔵堂が記載されていることも注意しておきたいものです。

覚園寺境内の「百八《ひゃくはち》やぐら」は、その名の通り横穴が多数あり、実際には二〇〇基ほどが確認されています。字杉谷《すぎがやつ》地区の谷戸《やと》に三～六段に開口され、多数の五輪塔・種子《しゅじ》・仏像の形が半肉彫《はんにくぼ》りされていることも特色です。やはり江戸時代から注目され、「梵字窟《ぼんじいわや》」「筥窟《はこいわや》」などともいわれてきました（『鎌倉攬勝考《かまくららんしょうこう》』）。なかでも天井に「八葉蓮華《はちようれんげ》」、左右に「月輪《がちりん》」種子が刻まれたもの、地蔵像を配置するやぐらも多数あり、鎌倉期の地蔵信仰の広まりをやぐらの姿にみることができます。

まんだら堂やぐら群　鎌倉市

二階堂の瑞泉寺とその裏山にもやぐら群があります。「境内《けいだい》やぐら群」は開山堂西側に開かれています。また「裏山やぐら群」には、中央壁面に仏像を浮き彫りにしたもの、五輪塔の半彫のもの、浮き彫りした板《いた》碑《び》が描かれたものなど、鎌倉時代の特徴をもつやぐらがみられます。とくに板碑の浮き彫りやぐらは他に西《にし》瓜谷《うりがやつ》の事例があるのみです。

国史跡「名越切通」に接して「まんだら堂やぐら群」が一五〇基ほど丘陵部の尾根筋に展開しています。古東海道筋にあたり、切通し道を通過する人々を見下ろすように仏像が半彫りされているものもあります。大きな岩洞の中にさらに小さなやぐらが設けられているものもあり、長期にわたり墓域として使われた様子がわかります。逗子市教育委員会では保存管理のため、期間限定でここを公開することになっています。

21 「やぐら」は被葬者不明が多いが、被葬者がわかるものはあるのか？

墓碑銘や銘文などが石造物とともにやぐら内にあって、おおよそのやぐらとその埋葬者などの関係がわかる事例はほとんどありません。ここでは扇谷浄光明寺《おうぎがやつじょうこうみょうじ》「地蔵窟」と逗子市池子《いけご》の神武寺《じんむじ》「みろく窟」の事例をあげてみましょう。

浄光明寺「地蔵窟」にある石像地蔵仏は一名「網引地蔵《あみひきじぞう》」ともいわれ、小ぶりですが銘文から鎌倉時代の仏像であることがわかります。正和二年（一三一三）に当寺第三世「供養導師性仙長□（老）」が施主の眞覚《しんかく》の依頼により、「大（石カ）工宗□」が施工したと銘文にあります。江戸時代の伝承に冷泉為相《れいぜいためすけ》が造ったともありますが（『新編鎌倉志』）、母の阿仏尼《あぶつに》とともに所領問題で数年鎌倉に滞在し、その勝訴年が正和二年にあたります。勝訴の御報謝《ごほうしゃ》としての地蔵像造立の可能性は高いといえましょう。さらに当寺の本願主である北条長時《ながとき》の五〇回忌も同年ですので、あわせて持仏堂《じぶつどう》としての機能も想定されています。こうした点からも、この「地蔵堂」のやぐら主（被葬者）は、当寺本願主北条長時の可能性も考えられています。

逗子市池子の神武寺《じんむじ》「みろく窟」には、「大唐高麗舞師《だいとうこうらいまいし》　本朝神楽博士《ほんちょうかぐらはかせ》　従五位上行《じゅごいのじょうこう》　左近衛将《さこんえのしょう》

監《げん》　中原光氏《なかはらみつうじ》□（行カ）年七十三　正応三年庚□（寅カ）九月五日」と背後に記された石像が安置されています。建保《けんぽう》六年（一二一八）の生まれで、七三歳で亡くなった正応三年（一二九〇）には神楽博士、従五位左近衛将監の官位を得ていたことがわかります。『吾妻鏡』には文永二年（一二六五）三月四日、宗尊《むねたか》親王将軍御所で前日に鶴岡八幡宮で行われた法会《ほうえ》舞楽《ぶがく》を再演させたときに中原光氏が雅楽《ががく》の賀殿《かてん》を奏しました。その功禄として五衣《いつつぎぬ》を下賜されています。彼は楽所《がくしょ》中原景康《かげやす》の子として、嘉禄《かろく》元年（一二二五）、父の鎌倉下向とともに滞在し、舞人《ぶにん》として成長していったようです。

なお、建長年間（一二四九～五六）に同じ官職で中原光上という舞人もいますが、これまでは「光氏」の誤記とされてきました。しかし静嘉堂文庫《せいかどうぶんこ》蔵『鶴岡八幡宮遷宮記《つるがおかはちまんぐうせんぐうき》』には、同様の官職で二人、光上と光氏の名前がありますので、それぞれ独立した舞人であったことが確認されるのです。

鶴岡八幡宮に現存する木造弁財天《もくぞうべんざいてん》像の銘に「文永三年寅九月二十九　戊午《つちのえうま》始造立之、奉安置舞院《ぶいん》、従五位下行左近衛将監中原朝臣光氏」とあることは重要です。つまり、文永二年（一二六五）、中原光氏は初めて将軍への目通りが叶い、翌年に正式な八幡宮舞楽師として舞院所属となり、この弁財天像を寄進安置したのです。弁財天は雅楽の守護神ともいわれます。いわば音楽を通じて将軍家への奉公をすることとなったのです。さらに弘安四年（一二八一）には「陪従《べいじゅう》」として神楽の構成員に補任されています。文献に合致する舞楽師中原光氏が葬られたやぐら、それが神武寺の「みろく窟」だったのです。

22 サーファーたちが集まる**由比ガ浜**。遡って、中世の「前浜」（由比ガ浜）の景観はいかに？

キラキラ輝く由比ガ浜の渚《なぎさ》では、たくさんのサーファーが波乗りを楽しんでいます。散歩する若者、小さな貝を拾う子どもたち。でも、中世鎌倉の「前浜《まえはま》」は、今の姿とはまったく異なっていたのです。今の段葛《だんかずら》道、江戸時代に建てられた浜の鳥居付近がかつての波打ち際でした。発掘ではもっと違った、由比ガ浜海岸地下の過去の姿が現れてきたのです。

国道一三四号線沿いの「鎌倉海浜公園敷地」の発掘では、地下層が四つの時期にわけられることがわかりました。第一期は鎌倉時代の中ごろから後半初めの時代です。『吾妻鏡』では、小笠懸《こかさがけ》や七座百怪祭などが行われたことが記されており、事実、半円弧柵跡《はんえんこさくあと》の出土はこうした行事の名残かもしれません。かつての入江上の海岸線が次第に海側（南側）に広がっていくのです。谷戸《やと》からの自然土石の流れだけではなく、鎌倉住人たちが消費した物品類がたくさん見つかりました。大量のカワラケ・廃棄材木・陶磁器破片類などが積み重なってありました。いわば「産業廃棄物」が意図的に入江付近に持ち込まれ、埋め立て用に使われていたのです。都市鎌倉が領域的に広がっていく最初の時期、つまり鎌倉住人が経済的活動のために浜への進出を始めた時代になるようです。そこには安定し始めた幕府の施策もあったのではないでしょうか。

そして第二期は、一三世紀後半から一四世紀前半の時代。方形掘立柱式建物跡《ほうけいほったてばしらしきたてものあと》がいくつか見つかりました。とくに東西六間×南北二間の大きさで礎石がしつらえてあり、さらにその東西には、幅七尺（二・一メートル）の大きな土塁《どるい》がありました。建物南側（海）は、角材で柵を造って囲っていました。倉庫兼居住の場所となっていたのでしょうか。実は、ほぼ同時期らしき溝や幅三メートルの道路も建物西側から見つかりました。その道跡を北へ延長すると、今の六地蔵から来る道とほぼつながるのです。その先の今小路沿いの御成小学校や市役所、無量寿谷、寿福寺、扇ケ谷周辺は、中世鎌倉の「上級御家人」屋敷地がいくつもあったことが明らかになっています。もしかしたら、彼らのための浜の〝交易物品用流通センター〟の機能があったとも考えられます。すぐ近くの「若宮ハイツ」地区には、その証拠がたくさんあります。大型の掘立柱建物群が一九〇軒以上も集中し、多くの井戸が作られ、滑川寄りの東側は道路から広場となっています。おそらく滑川から陸揚げした大量の荷物を一時保管する〝流通倉庫〟と搬送の役目を持つ作業広場だったのでしょう。その証拠に西側道路には「轍跡《わだちあと》」がしっかりと刻まれていました。しかし同時に、「前浜」

現在の由比ガ浜風景

は陰陽道の祈禱の場でもありました。「七瀬祓《しちせのはらえ》」「風伯祭《ふうはくさい》」なども行われていました（『吾妻鏡』）。

ところが、一四世紀後半から一五世紀前半にかけて、「前浜」一帯は大規模墓葬地に変わってしまいます。個人埋葬約三〇〇体、集積埋葬約九四基、火葬骨埋葬約四六か所というほどで、足の踏み場もないくらいでした。総数およそ四千体といわれています。やはり、元弘の乱での犠牲者があったのでしょうか。ある埋葬された幼児の墓には、両手の先に大きな蛤がおかれていました。日常の遊び道具だったのでしょう。養育の人間環境がしのばれるようです。

一方、不思議な骨たち（動物）の遺跡もあります。イルカ（四頭）・ウシ（一一）・ウマ（二五）の頭骨のみが砂浜の東西約八メートル、南北二メートルにわたり、L字状にすべて外側に向けて並んでいたのです。現代人からみても異様な風景としかいえません。その周辺には他の遺跡はなく、ここだけで何かの祭祀が行われたことは事実です。古代以来の民俗行事で漢神《からかみ》を祀るために牛馬・猪などを生《いけ》贄《にえ》とする風習が『今昔物語《こんじゃくものがたり》』『宇治拾遺物語《うじじゅういものがたり》』にみえますが、こんな伝統が中世にも続いていたのでしょうか。鎌倉後期、政変から幕府崩壊、そして南北朝の争乱と目まぐるしく変化した時代でした。鎌倉住人の平安への願いが、動物骨の遺跡に籠《こも》っていると信じたくなります。

そして第四時期の「前浜」は閑散とした様子に変わってしまいました。時代は一六世紀以降です。鎌倉公方もいなくなり、政権都市ではなくなりました。海岸地域もわずかの土壙墓《どこうぼ》（お墓）が点々とある程度でした。やはり、都市鎌倉は縮小していたのです。

23
多くの武士が傷つき倒れた**鎌倉合戦**。両軍の激戦の様子を再現

「さいかまくらの時、ほうこうかきりなきあいた、かまくらのねうハうひきくしてくたる」（豊後詫磨文書）。建武四年（一三三七）、女房を連れての鎌倉勤めを果たした豊後大友氏の一族詫摩《たくま》貞政《さだまさ》は、ようやく故郷に戻ろうとしたのです。また都の湛睿《たんえい》は、金沢《かねさわ》称名寺《しょうみょうじ》光明院《こうみょういん》主の恵釼《けいけん》に「この間、動乱無為無事、静謐《せいひつ》せしめ候条、言語同断」とねぎらい、恵釼は「この間、合戦の体《てい》、御察し当り及ぶべく候」と返しました（金沢文庫文書）。ようやく元弘・建武の動乱が落ち着き始めてきたのです。

新田義貞画像　個人蔵

　これまで続いた合戦で多くの武士が傷つき倒れていきました。彼らが戦った鎌倉市中で激戦だった場所を見てみましょう。

　元弘三年（一三三三）五月十八日、伊豆の武士天野経顕《あまのつねあき》・経政《つねまさ》は、「片瀬原」（片瀬河原）の新田義貞《にったよしさだ》軍に参陣して、幕府軍の守る「稲村《いなむらが》崎《さき》の陣《じん》」（十九日か）を懸け破って、「稲瀬川《いなせがわ》・前浜鳥居脇《まえはまとりいわき》」で再び幕府軍と遭遇《そうぐう》します。いまの長谷から琵琶小路《びわこうじ》付近にあたります。

そこで若党犬居《わかとういぬい》・小河《おがわ》ほか、中間《ちゅうげん》ら数人が討ち死にしてしまいました。彼らはすでに十一日から鎌倉に駐屯しており、二十二日に残りの兵力で葛西谷《かさいがやつ》の合戦（東勝寺付近）でも軍忠を挙げたのです。当時は、合戦のしきたりで、親しい武士仲間を合戦の証人として必ず決めておくものでした。出身は違いますが、天野氏も新田矢島次郎《にったやじまじろう》や上野国山上七郎五郎《やまかみしちろうごろう》の二人を「見知《けんち》」として、その日の大将軍に軍忠の証明を貰ったのです。このときの責任者は新田義貞で、文書には「一見おはんぬ」の文字と花押が奥に据えられています（広島大学蔵天野文書）。これがあれば、のちの恩賞申請に間違いなく有効となるものでした。三木俊連《みつぎとしつら》の場合、五月二十一日の合戦では、幕府方の籠る「霊山寺大門《りょうせんじだいもん》」と「大手稲村崎軍勢」を攻撃します（薩摩和田文書）。いまの霊山崎《りょうせんがさき》の廃寺仏法寺《ぶっぽうじ》と考えられ、寺跡からは稲村ケ崎が一望できます。霊山崎の北側は極楽寺坂です。守りの堅い大手を攻めあぐねていたところ、俊連は自ら崖状になった霊山の峯を下り、鎌倉の入り口となる大門に建てられた防御板を挟んで突進していきました。しかし、若党羽生田《わかとうはにゅうだ》、藤木田《ふじきだ》、良賢らが矢傷を受けています。

さらに夜間になってからも霊山寺の峯上まで登りかかり、「闇戦《やみいくさ》」をしかけます。若党の奥富《おくとみ》は右肩上を射られました。一族の行俊《ゆきとし》と貞俊《さだとし》も霊山寺合戦に加わり、行俊自身が左腕を、中間孫六《まごろく》は左膝を射られました。貞俊も若党の今溝《いまみぞ》を討ち死にさせています。こうした激しい合戦の様子と被害状況を目安状《めやすじょう》にして、その日の大将軍新田氏義《うじよし》に「見知」してもらうことができました。

新田経政《つねまさ》に属した武蔵の熊谷《くまがい》直春も「霊山寺下」で討ち死にしています。子の直経が新田義貞から一見状《いっけんじょう》をもらっています（熊谷家文書）。常陸の塙《はなわ》政茂も十九日の極楽寺坂合戦の先手攻撃で家人《けにん》が敵を討ち取っています（塙氏旧蔵文書）。霊山寺、稲村ケ崎、極楽寺坂と一まとまりになる地区、そこに幕府北条軍の大手が置かれていたのです。

こうした五月の激しい戦闘を当時の武士は「鎌倉合戦」と名付けています。惣指揮官である足利義《よし》詮《あきら》は、この後、六月に「二階堂御所山上陳（陣）屋」に「御座」してきました（大塚文書・紀伊土屋文書）。常陸の武士大塚《おおつか》氏は、その情報を得ると早くも鎌倉に出向き、その日の大将軍大館幸氏《おおだちゆきうじ》に軍忠を捧《ささ》げて一見状を得ています。それから建武元（元弘四）年の三月にいたるまで、「二階堂御所山上陳（陣）屋」に勤仕したことを軍忠状にして恩賞の申請をしています（常陸大塚文書）。戦闘での討ち死に・負傷だけではありません。御所の警備もりっぱな軍忠なのでした。

この二階堂《にかいどう》の御所《ごしょ》には「御わたまし」「南惣門」が備えられており、三浦一門の和田茂実《わだしげざね》が警護していたのです（三浦和田文書）。また「二階堂三辻役所」もあり、鎌倉西側の「常盤《ときわ》」とともに斎藤氏と曽我氏が警備をしています（斎藤文書）。幕府北条氏と尊氏方の鎌倉内の戦いは、まことに短いものでした。だが、実はこれが南北朝時代の長い道への扉を開くこととなってしまったのです。

すでに鎌倉では、「侍所御代官」が置かれ、尊氏執事の高氏《こうし》などが反尊氏方勢力への攻撃出陣を指示していました（斎藤文書）。政情はこれまでの目標であった北条氏攻撃方向から後醍醐天皇政権との対立、さらには尊氏政権の自立へと時代は動き始めていたのです。

24
北条高時が切腹し北条氏は滅亡。腹切りやぐらに隠されたメッセージとは？

元弘三年（一三三三）十二月、伊豆国武士の天野経顕《あまのつねあき》は「葛西谷《かさいがやつ》の合戦」の勲功《くんこう》を上申します。まさに北条一門を滅ぼした軍忠として記録すべき戦いでした。『太平記』では、五月二十二日に北条高時《たかとき》がここで自害したことが記されています。通称「腹切《はらき》りやぐら」といわれ、今でも霊気《れいき》を感じるような場所です。このやぐらの下一帯に東勝寺《とうしょうじ》という寺がありました。北条泰時《やすとき》のころ、退耕行勇《たいこうぎょうゆう》が開山《かいざん》となり、禅密兼修《ぜんみつけんしゅう》の場とされていたようです。山号が青龍山《せいりゅうざん》とあるので、風水の東方向に相当する寺であることがわかります。元亨《げんこう》三年（一三二三）、北条時宗の子貞時《さだとき》一三回忌の供養には、鎌倉内の有力寺院の一つとして五三人もの僧侶が勤仕《ごんじ》しています。

この寺のある葛西谷地域は、その名の通り下総国出身の葛西氏とかかわりの深い場所でした。頼朝から信頼されていた葛西清重《きよしげ》が御寝所《ごしんじょ》を警固する武士の一人に選ばれています。のち承久《じょうきゅう》三年（一二二一）に後鳥羽上皇の密書《みっしょ》が葛西清重の宿所から見つかることも『承久記』には見えます。葛西氏はその本領が下総国葛西御厨《みくりや》一帯です。いまの葛飾・江戸川・墨田区にまたがる江戸湾岸地域をおさえる有力武士団でした。鎌倉に近い武蔵国丸子《まるこ》庄（川崎市高津区）ものちに頼朝から与えられています。多摩川河口で葛西地区と同様に水運の要となる地域でした。

それは鎌倉の葛西谷地域とも似ています。東西にながれる滑《なめり》川が南の由比ガ浜方面に大きく曲がる開口部「筋替道《すじかえみち》」に位置し、六浦道と若宮大路の交点ともなる場所です。その近く宝戒寺《ほうかいじ》周辺は北条得宗家や御内人らの屋敷がありました。滑川もこの付近から下流にかけては、切り立った川岸《かわぎし》となっています。葛西谷に入るには、橋を渡らなくてはいけません。かつては船が入ることもできた地域だと、古老たちは今に伝えています。

上：東勝寺の腹切りやぐら　下：やぐらの内部にある北条高時の墓　鎌倉市

こうした要地の葛西谷は、のちには北条氏の支配するところとなっていきます。あの北条時宗の母は「葛西殿」と呼ばれていました。執権時頼の妻として、陰から得宗専制政治を支えていたともいえましょう。幕府御所が若宮大路御所となって、さらに葛西谷地区はたくさんの御家人が集まるようになりました。建長三年二月には「葛《か》西谷口河俣《さいがやつくちかわまた》」に新しく「大御厩《おおみまや》」が設けられています。「河俣」とは、滑川本流と西御門《にしみかど》川との合流点、まさに今の宝戒寺裏手から南側一帯で葛西谷の入り口と考えてよいでしょう。

東勝寺跡の発掘では、谷の入り口には鎌倉切石《きりいし》の築地塀《ついぢべい》跡と門跡から「三鱗文《みつうろこもん》」平瓦片《ひらがわらへん》がみつかりました。さらに平場への道は、鎌倉石をスロープ状に敷いた幅二メートルほどの道跡、右の平場へは小口積みの厚さ一・五メートルの石垣が造成されていました。こうした状況から、「城」というほうがふさわしい、と発掘担当者は証言しています。

『太平記』に、北条高時が最後には千余騎で東勝寺に引き籠ったと書かれています。また、「父祖《ふそ》代々《だいだい》の墳墓地《ふんぼち》」とも呼んでいたと記されています。内管領《うちのかんれい》（執事）の長崎高資《ながさきたかすけ》も自害直前に扇谷《おうぎがやつ》と天狗堂《てんぐどう》の煙《けむり》を見て出陣し、東勝寺に戻ってきました。扇谷は赤橋守時《あかはしもりとき》の別邸、天狗堂は御成小学校背後の山で、主は不明だが最上級武士の屋敷を見下ろす場所でした。

有力御家人三浦氏も、滅亡する宝治合戦で有利な永福寺《ようふくじ》を選ばず頼朝法華堂に籠りました。旧主に看取られ、自刃することを選んだのです。執権北条氏も先祖から最期の瞬間を看取られる、この地を選んだといえましょう。

「腹切りやぐら」の山東側釈迦《しゃか》堂谷《どうがやつ》から、「元弘三年五月廿八日」と記された五輪塔《ごりんとう》地輪《じりん》がみつかりました。その日は北条氏滅亡の初七日にあたるのです。宝戒寺の伝承では、自害した多数の遺骨《いこつ》は釈迦堂谷に埋葬したと伝えられています。「腹切りやぐら」の遺骨たちは、墳墓に眠る先祖たちに見守られながら東勝寺の記憶を、いまの私たちに伝えてくれているのです。

第三部　幕府滅亡後の鎌倉と戦国

1 鎌倉御家人は、足利幕府でも室町御家人に成り得たか？

鎌倉幕府の屋台骨を担っていた北条氏得宗家や一族一門が滅んだあと、それまで鎌倉幕府の母体となっていた「鎌倉御家人」の大多数が足利尊氏のもとに組織されていったことはよく知られています。では、尊氏のたてた室町幕府のもとで、従った武士たちは「室町御家人」となったのでしょうか。

鎌倉幕府北条氏打倒に働いた「鎌倉御家人」たちは、尊氏の奉行所に自分の活躍した様子を上申して、のちの恩賞のための証明を求めました。その証明書である「着到状《ちゃくとうじょう》」には申し入れ者が「某国御家人」と記しています。かれらが「御家人」と称したことは、これまで仕えていた鎌倉幕府の「御家人」ということの意思を表しているとは思えません。ましてや、足利殿の「御家人」という意味でもないでしょう。後醍醐天皇についた武士であってさえ、「某国御家人」という書きだしで所領安堵《しょりょうあんど》の綸旨《りんじ》申請を出しているくらいですので、どちらにも直接に所属しない「御家人」の呼び方であったことは明らかです。ならば、「御家人」という呼称は、抽象的な社会的身分の一つとなっていると考えられます。

つまり、これまで鎌倉幕府の体制下で「凡下《ぼんげ》・甲乙人《こうおつにん》」「雑人《ぞうにん》」など、一般身分の者とは区別されてきた「侍《さむらい》」身分であって、上申する「御家人」は、公的な身分制、つまり鎌倉幕府の体制下で公的な身分社会にあったことを標榜《ひょうぼう》しているのではないでしょうか。たとえば、日本帝国憲法下の公務員であった者が引き続き、新たな日本国憲法下の公務員として継続していくことの保証を上申し求めた、とみればよく理解できます。

さらに、尊氏が改めて彼らの素性・出身が鎌倉御家人であったか、新たに御家人となるかどうかなどを確かめるようなことは、鎌倉時代の源頼朝時代と異なり、行った形跡はありません。

足利尊氏・直義《ただよし》の政治機構は、観応《かんのう》の擾乱《じょうらん》を経て大きく変わっていきます。南北朝時代を通じて「御家人」を統括するシステムも実態は変化していきます。でも観念上では、やはり全国の「御家人」を統括するのは「室町殿《むろまちどの》」＝足利将軍家ですが、各国守護を通じて「地頭御家人役《じとうごけにんやく》」を課される武士層と将軍家に直属するかたちで「当参奉公人《とうざんほうこうにん》」と呼ばれる「御家人」とに次第に分かれていきます。後者はのちに「奉公衆《ほうこうしゅう》」「馬廻衆《うままわりしゅう》」と呼ばれるようになります。この意味では、後者のほうが鎌倉時代の東国御家人の姿に近いといえるかもしれません。

室町政権の成立はさらに戦時から日常への移行にともない、将軍家直属の「近習《きんじゅ》」や「奉公衆」を管轄する幕府小侍所《こさむらいどころ》の充実、そして全国に置かれた一門守護の所管に入る「地頭御家人」層に分化しつつ、次第に両者ともに「御家人」と呼ばれることは少なくなっていきました。のちに再び「御家人」の名が復活するのは、徳川政権の成立以降ですが、その姿はもはや鎌倉時代の「御家人」とは似ても似つかないものとなっていました。

2

北条得宗の遺児北条時行。中先代の乱はどのような影響を与えたか？

鎌倉幕府の北条氏を「先代」、のちに天下を取る足利氏を「後代」、その中間で兵をあげた北条氏だから「中先代《なかせんだい》」という。言いえて妙な言葉です。鎌倉幕府北条氏滅亡から足利尊氏による室町幕府成立までの歴史を知る、後人たちの発想を垣間見る思いがします。どちらにせよ、歴史の中心にいる人物やその勢力を肯定的に捉えている呼び方といえます。ところが、『梅松論《ばいしょうろん》』では「中先代」「廿日先代」と記しています。それは「天命にそむく故」であり、その勢力が「烏合梟悪《うごうきょうあく》の類《たぐい》」のため成就《じょうじゅ》しなかった、と評価したのです。まさに足利の世こそが梅や松の繁栄の通り、正当だとみていたのです。

建武二年（一三三五）七月、執権北条高時の遺児長寿丸《ちょうじゅまる》（時行《ときゆき》）が信濃《しなの》で挙兵します。諏訪社《すわしゃ》の神官で旧得宗《とくそう》家《け》御内人《みうちびと》の諏訪頼重《よりしげ》に担がれ、地元の武士である小笠原貞宗《おがさわらさだむね》を破り、武蔵女影原《おなかげはら》（埼玉県日高市）から鎌倉へ入ろうとします。十六日、鎌倉からは足利直義が成良《なりよし》親王と千寿王《せんじゅおう》（足利義詮《よしあきら》）を旗印に武蔵井出沢《いでさわ》で迎撃しますが敗走してしまいます。この鎌倉出陣に際して、幽閉されていた護《もり》良《よし》親王は直義の命で殺害されたのでした。

足利方への反発は、実は朝廷内にもありました。かつて幕府寄りの西園寺《さいおんじ》家の当主公宗《きんむね》を中心に高時の弟泰家《やすいえ》（時行の叔父）と結んで、信濃と京都で同時に蜂起する予定でした。泰家は鎌倉の陥落後、奥州に逃げて時興《ときおき》と改名し、さらに京都で西園寺家に匿われていたのです。改名にその意気込みを感じさせます。さらに越後に逃れていた名越時兼《なごえときかね》らもこれに同調して挙兵しようとしました。しかし、同時蜂起はかないませんでした。でも主力軍である時行の軍勢は、七月二十五日、久しぶりに鎌倉に入ることができました。

勝長寿院跡　鎌倉に入った北条時行が陣を敷いた寺で大御堂とも呼ばれていた。現在は周辺に住宅が建ち並び、かつて栄華を誇った大寺の面影を偲ぶことは難しい　鎌倉市

京都へ逃れる直義と成良親王一行の軍は、駿河国入江《いりえ》で領主の入江氏の助成を得て、矢矧《やはぎ》から朝廷へ使者を送り、尊氏の出陣を要請しました。入江氏はその名の通り地元の領主ですが、ここが得宗領となっていたため没収され、改めて朝廷から入江氏に与えられたと『太平記』は記しています。「天下の落居《らっきょ》」の行方は知らないが、所領を与えられた「義」を尊び、「不義」をしない、と入江氏に語らせています。中世武士の心意気をみることができます。

鎌倉に入った時行軍が陣所としたのは勝長寿院で、源義朝の遺骨を祀る旧幕府直営の寺院でした。交通の要である

右：「諏方法性」と呼ばれる諏方一族の旗　山梨県甲州市・雲峰寺蔵　写真提供：甲州市教育委員会
上：大祝諏方家胴丸。正式には「本小札紅糸威胴丸」　諏訪市博物館蔵

六浦道を前に、かつての大蔵御所や歴代北条氏の屋敷、先祖を祀る東勝寺にも至近距離の地区です。北条を滅ぼした新田義貞もここを陣所にしていました。攻守する二人がともに陣を置いた機縁の場でした。

時行がめざした北条氏の再興、まさに泰家が「時興」と改名したことに象徴されています。しかし、その目標が明確に従軍武士にはみえなかったようです。攻撃する尊氏方の軍勢は、明確に「恩賞」がめあてでした。だから尊氏も後醍醐天皇に「征夷将軍」として「坂東八箇所管領」の勅許を願い、従軍者への賞を行うことを求めたのです。つまり、大多数の従軍武士たちの心は、その中身では旧幕府時代の恩賞申請とほとんど変わっていなかったともいえましょう。時行が護良親王を擁して尊氏勢に対応していたとしたら、こうした

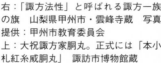

動きもできたのでは、と思われます。護良親王も征夷大将軍を自称していました。ならば護良親王を担ぎあげれば、旧幕府同様の親王将軍復活もできたかもしれません。しかし、実現はしませんでした。

建武四年・延元二年（一三三七）、なんと中先代北条時行は南朝方北畠顕家《きたばたけあきいえ》の奥州軍に従っていました。すでに尊氏は新田氏を倒し、後醍醐天皇とも袂《たもと》を分かち、時代は南朝・北朝の揺れ動きの様相となっていました。時行は吉野の南朝に、父高時の「勅勘」「天誅」の許しを請います。そして「朝敵」たる尊氏を倒さんと願うのでした（『太平記』）。そして十二月二十三日、北畠軍とともに鎌倉を再占領します。

顕家の死後も文和元年・正平七年（一三五二）閏二月、今度は新田義貞の子どもで義興《よしおき》・義宗《よしむね》兄弟と結び、鎌倉の尊氏と武蔵周辺で合戦を繰り返していきました。しかし、力尽きて、翌年五月二十日、片瀬《かたせ》龍口《たつのくち》で斬首《ざんしゅ》されたのです。時行の行動を持続させたエネルギー源は、「反尊氏」という一点だったのでしょう。そのためには皇統・朝廷すら利用したのです。

観応の擾乱では、足利尊氏や直義さえもが吉野の「南朝」に降伏・与同し、それを利用しました。思い至れば、その後の室町幕府下であっても「南朝」が長きにわたって、現統治者への「反権力」の旗印となったことは明らかでしょう。こうした視点からみれば、「中先代の乱」は「皇統の重さ」を改めて導き出した有為な反乱の最初と位置づけることができるのです。

3 杉本城の合戦。一帯は足利氏の故地で以後も重要な拠点となった

延元《えんげん》元年（一三三六）四月、片瀬川《かたせがわ》合戦以来、斯波家長《しばいえなが》・貞経《さだつね》と北畠顕家《きたばたけあきいえ》の動きは、関東地域の武士層をさらに南北朝の混乱に巻き込んでいきます。顕家はその後、陸奥に移動し、東北方面の武士層を従えていくことになりました。翌二年八月二十三日には、顕家の軍勢が鎌倉に入ってきます。二十四日は一日戦闘が行われ、二十五日には「杉本城落ちおはんぬ」と鶴岡八幡宮社務の頼仲《よりなか》《らいちゅう》は公務日記に書いています。この杉本城とは、どんな城だったのでしょうか。

『鎌倉大日記』では、尊氏方軍勢の指揮官である斯波家長を討ち死にさせた記事「顕家のため、杉本観音寺において自害」とわずかに記されているだけです。ここに「城」とはありません。この戦闘に従軍した斯波方の相馬《そうま》氏や北畠方の国魂《くにたま》氏の申状などで合戦が激しかったことがわかります（相馬岡田文書、大国魂文書）。『太平記』には、「志和三郎《しわさぶろう》、杉本ニテ討《うた》レニケレバ、此陣ヨリ軍破《やぶり》テ寄手《よせて》谷々《やつやつ》ニ乱《みだれ》入《い》ル」とあります。「軍記物」の粉飾があることは否めませんが、北畠軍が相手方の設置した「城ヲ堅《かた》シ塁《るい》ヲ深クスル謀《はかり》ヲモ事トセズ」に「道々ニ出合《であい》、懸合《かけあい》」して攻撃した様子から、杉本城には一応の防御施設が造られていたようです。ここでも「城」と「塁」は区別されて呼ばれています。

鎌倉時代の「城郭」というのは、臨時的に防御設備を造った館を呼ぶことが普通です。普段はほぼ無防備の様子などが絵巻物などからわかります。南北朝期の城もこの傾向を持ちつつも、徐々に恒常的な防御施設の設置に移行していき、「要害」と呼ばれるようになっていくのです。

杉本城とは、「杉本観音寺」の境内地を、「城ヲ堅シ塁ヲ深ク」して戦闘用の陣地に変えた姿を示しているとみたほうがよいのではないでしょうか。

かつて杉本城遺跡を調べた先人たちは、時代は不明瞭ですが、切岸《きりぎし》や土塁の残る状況を報告してい

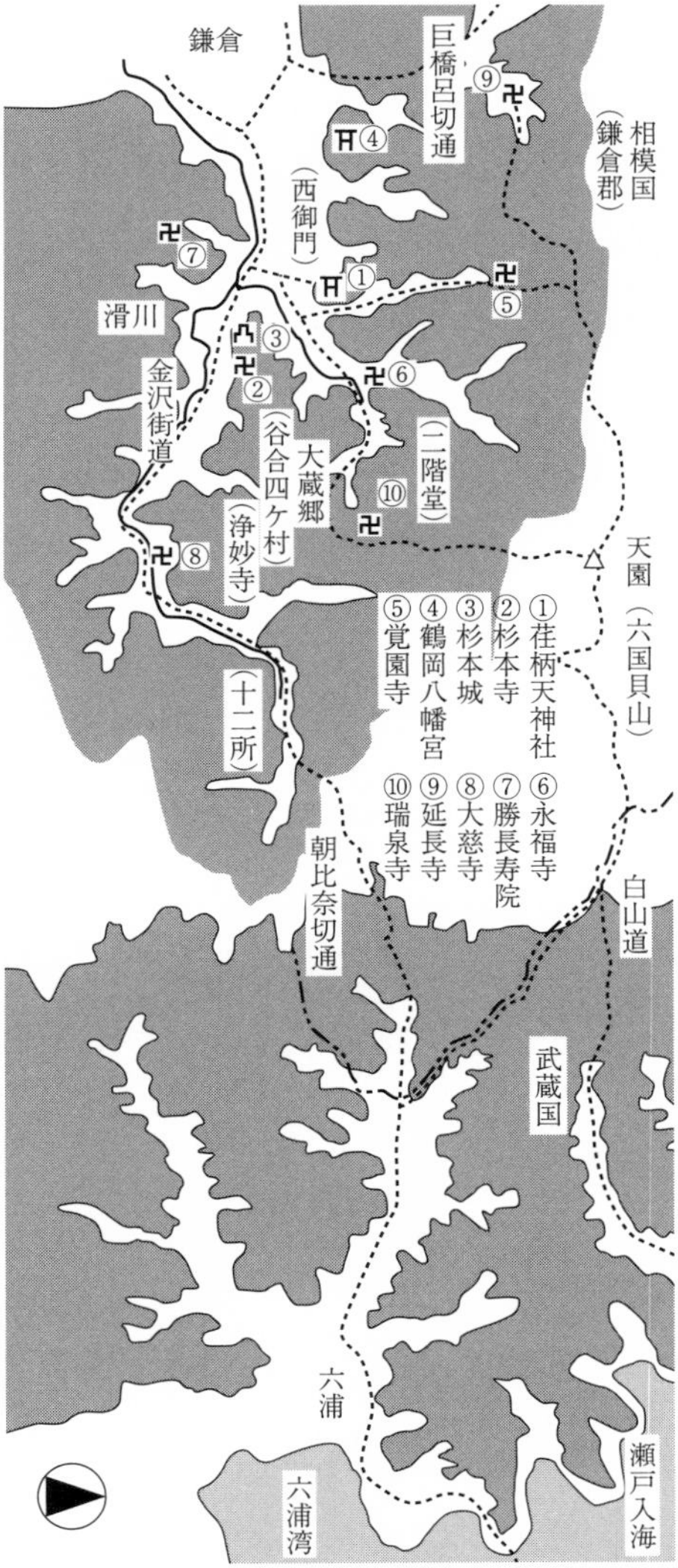

六浦湊から鎌倉までの行程　杉本寺・杉本城②③がその道筋に位置する

ます。実はそれ以上に、ここで注目したいことは、この地がなぜ戦場となったのか、ということです。鎌倉幕府の大蔵御所跡はもちろん、鎌倉でも古いと言われる荏柄《えがら》天神社があり、二階堂永福寺《ようふくじ》跡への入り口にもあたっています。杉本観音寺前は六浦道が鎌倉の外港金沢六浦と都市鎌倉を結ぶ大動脈としての役割を果たしていました。『太平記』では、北関東方面から繰り出す北畠軍が一万余りと大げさですが、多くの兵力が移動するには一時的にしても、この道が好都合だったと思われます。

さらに杉本寺周辺の発掘の成果によっても、この地域の重要性がみえてきます。蛇行する滑川に沿って、一二世紀前期から南北朝・室町期に杉本寺の前とすぐ西側に大きな武家屋敷跡があったことがわかったのです。屋敷の主の手がかりはありませんでしたが、大量の「カワラケ」が積み重なって見つかりました。さらに遺跡中央部から一三世紀中ごろの造成で幅五メートル、鎌倉石（泥岩）を砕いて敷き詰めたていねいな道路も出土、この先は今も通行する犬掛坂《いぬかけざか》に繋がっていることもわかりました。

鎌倉時代の杉本寺周辺で見つかる遺跡の規模からみても、やはり交通の要地をにらんで建てているな、と感じさせます。のちに鎌倉府の御所がこの先の浄妙寺付近におかれる背景がみえ始めているのです。杉本寺前面周囲に広がる釈迦堂谷・犬掛（懸）谷・宅間谷《たくまがやつ》もまた、関東管領上杉氏を生み出すヤトとして存在していました。杉本城とその地での合戦は、改めて鎌倉時代初期の足利氏先祖の地を復活させる契機になったのではないかと思われます。この意味で杉本寺地域は、「古くて新しい歴史」をもった地域といえるのです。

4 室町時代の鎌倉公方御所は、なぜ鎌倉幕府御所から離れていたのか？

鎌倉公方御所跡　京都の足利幕府において２代将軍義詮の弟基氏が東国の押さえとして鎌倉公方に任じられた。以後、戦国時代初期の成氏まで公方として君臨した　鎌倉市

鎌倉公方御所は、鎌倉町青年会の建てた石碑「足利公方邸旧蹟」が目印です。同様の史跡碑は大正昭和前期にかけて市内八〇か所ほどに建てられ、今では史跡散策の便利な道しるべとなっています。ここは浄妙寺《じょうみょうじ》の東側、滑川に沿った六浦道が朝夷奈切通へ向かう入り口あたりです。江戸時代の地誌『新編鎌倉志』『新編相模国風土記稿』にも詳しく記され、足利氏に関わる遺跡地として記憶されてきました。

鎌倉初期、足利氏の祖義兼《よしかね》の屋敷地跡で、のちに浄妙寺となりました。義兼は頼朝からも重く用いられた武士で、妻は北条政子の妹です。『吾妻鏡』には姉政子が妹の病気見舞いにここを訪ねたり、義兼死去ののちには子義氏《よしうじ》が屋敷などを受け継いでいくことが記されています。

元亨二年（一三二二）、尊氏の父貞氏が、もとは極楽寺《ごくらくじ》と呼んでいた寺名を浄妙寺に変えたいと上奏し、禅宗寺院に変わりました。貞氏の父家時《いえとき》は、霜月《しもつき》騒動の関与や北条時宗への忠節のために自害するなど、この前後の時期は足利家にとって苦難の時期だったようです。

実は浄妙寺敷地内には、いくつもの足利家ゆかりの寺がありました。貞氏の妻が早世した子高義《たかよし》のために建てた延福寺《えんぷくじ》、尊氏の弟直義が建立した大休寺《だいきゅうじ》などです。さらに寺の門前は、鎌倉と外港六浦湊を結ぶ六浦道です。流通の大動脈をおさえる要の地区でもありました。

『鎌倉年中行事』には、公方御所が方四町（約四三六メートル四方）で、南側（六浦道）には大門と小門が開かれ、東西にも門があるが西門は開かずの門だとあります。しかし、ここで実際に方四町などの敷地は取れません。御所の建物は、御主殿《ごしゅでん》のなかに御寝殿《ごしんでん》・御寝所《ごしんじょ》・御帳台《みちょうだい》などがあり、御評《ごひょう》定所《じょうしょ》・御厩《みまや》・長面道《ながつらみち》（奉行人役所）・御台屋《みだいや》（外様武士役宅）・御築地《おついじ》（奉公衆・外様役所）などが設けられていたようです。発掘では、大量のカワラケが層を成して見つかっています。儀式としての宴会が頻繁に行われたことを示しているのでしょう。

南北朝から室町時代を通じて、御所のほかにも屋敷がありました。足利義詮は二階堂御所（永福寺付近）、初代公方の基氏は亀谷《かめがやつ》にいたことがわかりますが、浄妙寺隣の公方邸に常住していたかは不明です。二代氏満《うじみつ》、三代満兼《みつかね》、四代持氏《もちうじ》は浄妙寺東の大蔵御所（鎌倉御所）にいたことが知られてい

鎌倉古図　鎌倉公方御所跡である「公方屋敷」が、画面右下付近の浄妙寺と五大堂の中間に描かれている。左端は鶴岡八幡宮だが、層塔など神仏習合による仏教的な伽藍も見える　個人蔵

ます。かつてはここも大蔵地区に含まれていたのです。

永享《えいきょう》十年（一四三八）の永享の乱で、足利持氏が鎌倉永安寺《ようあんじ》で自害する際に、「大蔵《おおくらが》谷《やつ》御所」が焼失しています。鎌倉公方はこれで一時断絶し、持氏遺児の成氏《しげうじ》が継ぐまで公方不在の鎌倉（御所）となりました。

文安四年（一四四七）、成氏が鎌倉へ戻る許可が幕府からおりますが、その邸宅は「宇津宮」「桐谷《きりがやつ》」「西御門」と変わっています。だが大蔵御所は再建されなかったようです。さらに、成氏による関東管領上杉憲忠《のりただ》の殺害をきっかけに享徳《きょうとく》の乱が起こり、成氏は鎌倉から古河《こが》（茨城県古河市）へ移動してしまいます。鎌倉の主・公方の不在は、これまでの政権都市としての権威と権力を急速に失わせていきました。

鎌倉の中心ともいうべき鶴岡八幡宮から東に離れた浄明寺地区に足利尊氏・直義兄弟が公方屋敷を設けた理由の第一は、足利家の祖義兼ゆかりの屋敷地であることです。第二に、六浦湊と鎌倉を結ぶ六浦道をおさえることでした。鎌倉幕府を創った源頼朝も、最初の屋敷候補地を源義朝ゆかりの「亀谷《かめがやつ》御旧跡」（鎌倉楯《たて》）付近に求めました。やはり古東海道を経て鎌倉郡衙と六浦方面を結ぶ東西道をおさえる重要拠点でした。しかし、岡崎義実《おかざきよしざね》による義朝供養堂があったため諦《あきら》めて、風水《ふうすい》に見合う大蔵の地を求めたのです。足利氏は義朝屋敷地の先例を踏まえて、足利氏先祖創設の旧義兼屋敷地を、鎌倉における足利氏の拠点地＝公方屋敷として選んだといえましょう。

鎌倉公方邸の西側方向は、まさにかつての大蔵幕府御所でした。西門が開かずの門とされた理由は、旧幕府源氏（鎌倉将軍家）への心理的忌避感もしくは一定の距離間（相対化ともいえるもの）があったのでしょう。それは鎌倉時代の足利氏と幕府将軍家（源氏）との勢力関係の記憶といってよいのかもしれません。同時に歴代の鎌倉公方足利氏が歴史を重ねるごとに室町幕府将軍家（源氏嫡流）との関係で受け止めざるをえない「鎌倉府」の立場、それは「輔弼《ほひつ》」から「上下関係」への変化と言い換えられます。こうした複雑な想いが足利氏をして、鎌倉の足利氏先祖の地「浄明寺」地区を公方御所地として選択させた理由と考えます。

5 足利持氏の**血書願文**は、本当に自らの血液を混ぜたものなのか？

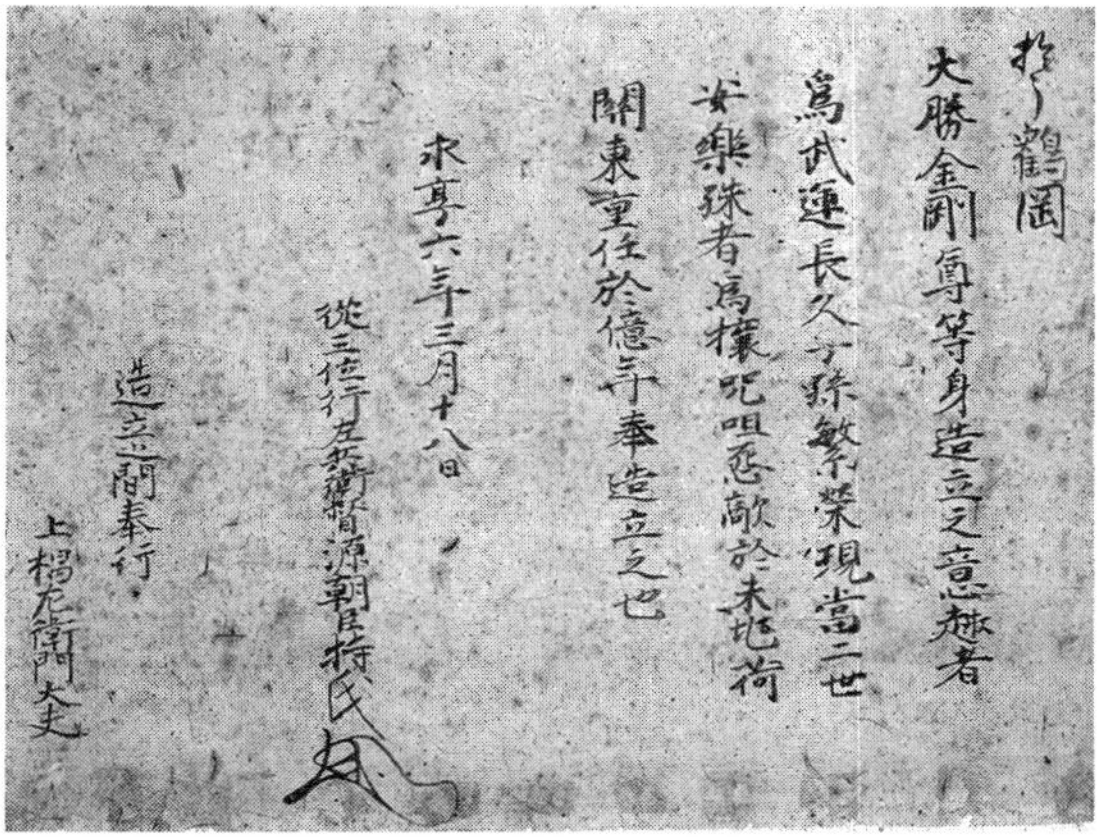

「足利持氏血書願文」　鎌倉市・鶴岡八幡宮蔵

『神奈川県史資料編　古代中世三　上』の付録についている複製「足利持氏血書願文《あしかがもちうじけっしょがんもん》」を開いてびっくりしました。全文がすべて「朱」で書かれているのです。もちろん花押まで同じです。鶴岡八幡宮に奉納されたこの願文の解説を見ると、さらに不気味にすら感じられます。

足利持氏は満兼《みつかね》の子で、鎌倉公方四代目です。室町幕府を継承する足利本家とはすでに遠い親戚となっています。とくに鎌倉府は次第に独自な動きを取ることも多く、京都からは警戒され始めていました。とりわけ応永二十三年（一四一六）におきた上杉禅秀《うえすぎぜんしゅう》の乱では、公方持氏方は苦戦を強いられ、鎌倉を逐われるほど痛い目にあいました。初めは静観していた幕府も反乱者の禅秀方勢力を抑えるため、宇都宮《うつのみや》・佐竹《さたけ》・小栗《おぐり》・結城《ゆうき》白河《しらかわ》氏など関東の有力武士らに幕府方となるよう働きかけ、持氏への支援を要請しました。それで持氏はようやく危機を脱することができたのです。でも幕府は、先の宇都宮氏らを鎌倉公方の監視役として、直接に彼らとの連絡を取るようにしていきました。のちに「京都扶持衆《きょうとふちしゅう》」とよばれる関東武士層です。持氏は彼らが禅秀方に与していたことや幕府と直接に結び付いて、公方持氏の命に背くことなど恨みを抱き、彼らを討伐していきました。その後、将軍足利義教《よしのり》の時代に至り、ついに軍事対立にまで発展していったのです。

永享六年（一四三四）三月十八日の日付をもつ先述の「願文」の字は、一字ずつ心を込めた楷書《かいしょ》体《たい》に近く、全体が左下がり、右よりとなっています。「大勝金剛尊《だいしょうこんごうそん》」を「等身造立《とうしんぞうりゅう》」し、はじめに「武運長久《ぶうんちょうきゅう》・子孫繁栄《しそんはんえい》・現当二世安楽《げんとうにせいあんらく》」を願い、後段では「殊《こと》には呪詛《じゅそ》の怨敵《おんてき》を未兆《みちょう》に攘《はら》い、関東の重任を億年《おくねん》に荷《にな》わんがため」として、最後に繰り返し「造立し奉るなり」と記しました。本当の願いは後段に込められています。つまり「関東扶持衆」もしくは「将軍義教《しょうぐんよしのり》」を暗に倒そうとしているということです。「大勝金剛尊」とは金剛界の五部諸尊《ごぶしょそん》の力を持つ仏で、大日如来《だいにちにょらい》や愛染明王《あいぜんみょうおう》ともいわれるほどの大きな力を発揮してくれる仏です。それを「等身大」に造って願うということは、自分自身がその仏と同体になって、怨敵を倒すことを願ったのでしょう。

この付録文書の説明書きでも「朱に血を混ぜて鳥の子紙に書いた自筆の願文」であって「すざまじい気魄《きはく》の籠《こも》っ」ているものと記しており、『神奈川県史通史編一　原始古代中世』の本文でも中見出しに「血書の願文」としています。

鎌倉市内のある高校の先生がこの地元の史料を授業で取り上げ、「持氏が己の血を混ぜて書いたという朱文字のインパクトに生徒は驚いていた」と記しています。さらに生徒からは、「成分分析すれば持氏の血液型もわかるのかな?」と思わぬ反応があったと述べています。この文書が化学分析されたとは寡聞《かぶん》にして聞いたことはありません。たしかに「灯台下暗《もとくら》し」の喩《たとえ》そのものです。文書自体は「朱」であることは明白ですが、「血」を混ぜたとも記してありません。なお、「朱色の手形」が残る文書では、後鳥羽天皇（暦仁二年二月七日御手印御置文・水無瀬文書）と伏見《ふしみ》天皇（文保元年八月二日御手印置文・宮内庁書陵部）の置文が知られています。これらも「血を混ぜた」とは伝わっていません。

では、持氏願文がいつから「血書」となったのでしょうか。明治・大正の歴史学者渡辺世祐は「自己の鮮血を濺《そそ》ぎ赤誠《せきせい》を披瀝《ひれき》せる願文」とし、村田正志は「朱に血を混入して書かれた故に、（略）変色するところなく朱色を保った」、荻野三七彦は「怨敵呪詛の目的に（略）血経の場合と同じく、この文書には血の混じていたことが単なる伝えではなく事実として推定される」とみています。でもすべて実証したわけではありません。真実はやはり生徒の指摘通り「成分分析」しかないようですが、将来「非破壊検査」方法が古文書にも適用できるようになるまでは現状では不可能でしょう。ちなみに、江戸時代の『新編相模国風土記稿』でも「持氏朱を以《もっ》て自書せる物」と記しています。「朱」「赤」色をすぐに「血」という先入観でみることは避けるようにと語っているようです。

6 鎌倉公方の時代に飛躍・繁栄した上杉氏一族。その勢力拡大の方法とは？

「上杉」と聞くと「あっ、上杉謙信《うえすぎけんしん》の先祖だ」とまず思い浮かぶのではないかしら。当たらずといえども遠からずです。上杉氏の先祖は勧修寺高藤《かんじゅじたかとお》流の藤原氏、れっきとした貴族の出身で、丹波何鹿《いかるか》郡上杉庄（京都府綾部市）を得たのでその名を取りました。建長四年（一二五二）四月、初代の重房《しげふさ》は鎌倉将軍宗尊《むねたか》親王（後嵯峨《ごさが》天皇の子）のお供として鎌倉にやってきました。重房の娘は足利頼氏《よりうじ》へ嫁ぎます。とくに孫の清子《きよこ》（頼重《よりしげ》の娘）は足利貞氏の妻として尊氏・直義兄弟を産んだことがその後の上杉氏の生き方を変えていきました。重房の御家人足利氏への鋭い選択眼があったのではないでしょうか。

上杉氏はその後、扇谷《おうぎがやつ》・山内《やまのうち》・宅間《たくま》・犬懸《いぬがけ》の四上杉家に分かれていくので歴史学の世界ではその地名を冠して呼ばれることが普通です。著名な扇谷・山内上杉氏以前に勢力を広めていたのが宅間・犬懸上杉氏でした。ともに鎌倉公方屋敷のあった浄妙寺からみて、滑川《なめりかわ》を挟んだ西南方向の谷戸《やと》に位置しています。鎌倉幕府の大蔵御所と北条執権屋敷との位置関係に似ています。

宅間上杉氏の初代は重能《しげよし》（勧修寺宮津《みやつ》入道《にゅうどう》道兎の子）で、母は清子の妹（加賀局《かがのつぼね》）という関係です。清子の兄憲房《のりふさ》の養子となって宅間家を興《おこ》します。直義役所の引付奉行人として活躍しますが、尊氏の執事高師直《こうのもろなお》に殺され、以後は勢力が衰えていきました。なお、絵師の宅間派関係者も鎌倉時代からこの谷戸を拠点に活動したことが知られています。

犬懸上杉氏初代は憲房《のりふさ》の子憲藤《のりふじ》（尊氏の従兄弟）です。宅間谷の西側で滑川を挟んで杉本寺《すぎもとでら》に面しています。子の朝房《ともふさ》と朝宗《ともむね》は上総守護でもあり、六浦湊を通じて江戸湾岸から房総半島との関係をうかがえます。彼らは公方を補佐して関東管領になりました。しかし、朝宗の子である氏憲《うじのり》が公方持氏との対立から、応永二十三年（一四一六）に反乱を引き起こし、関東各地に所領を得ていた一門は滅亡してしまいます（上杉禅秀《ぜんしゅう》の乱）。滑川を挟んで犬懸谷の前面には、かつて房総半島に拠点を持つ鎌倉御家人で侍所別当和田氏の館があったようですが、ここにも鎌倉時代の有力者の記憶が受け継がれているとみてよいでしょう。

その後、鎌倉公方を支えたのは山内と扇谷上杉氏でした。山内上杉氏の祖は憲顕《のりあき》（憲房の子）です。観応の擾乱では直義方でしたが、公方足利基氏《もとうじ》から関東管領を命じられて、以後は上杉氏の嫡流家となります。室町中期から憲実《のりざね》（越後上杉房方《ふさかた》の子）が鎌倉府を切り盛りしますが、自立を図る公方持氏との対立に苦しみ伊豆に隠遁するなど、雲行きはよくありません。さらに公方成氏による管領憲忠《のりただ》の殺害以降、顕定《あきさだ》（越後上杉房定《ふささだ》の子）が扇谷上杉定正《さだまさ》との合戦で討ち死にします。

永禄四年（一五六一）、上杉憲政《のりまさ》が鶴岡八幡宮の神前で越後の長《なが》尾《お》景虎《かげとら》に家督と関東管領職を譲って上杉家を繋いでいきました。鎌倉府の権威を帯びたこの管領職の重みは武家の都市鎌倉とは切り離すことはできなかったのです。ちなみに、この重みは関東（東国）支配の理念として、伊勢宗瑞《いせそうずい》・北条氏綱《ほうじょううじつな》へと受け継がれていくことになります。

扇谷上杉氏初代は重顕《しげあき》（頼重の子、重房の孫）で、伏見院蔵人《ふしみいんくろうど》を務め、子の朝定《ともさだ》は幕府引付や評定衆などの要職を経て、のちに越後上杉氏の基礎を作ります。尊氏と直義の抗争では終始仲介役となりましたが、観応の擾乱では、初め尊氏方、のちに直義方に付いています。その後の発展は顕定や定正、とくに家宰太田道灌《おおたどうかん》の活躍が大きかったといえましょう。扇谷地域には道灌の屋敷と上杉氏館が相対してありました。この地は、源義朝や鎌倉将軍家（藤原頼嗣母御前）、宿老（中原親能）・公家（二条教定《のりさだ》・冷泉為相）らの遺跡伝承が多く記憶されているところです。扇谷上杉氏の脳裏には鎌倉公方御所地と東西に相対しつつ、かつて公家であった先祖の想いをこの地・扇谷にみたのではないでしょうか。

上杉家は、在京する一族と鎌倉を拠点とする一族がネットワークを結びつつ、相互に養子縁組をして系譜を繋《つな》ぐ特徴があります。また、初めから特定の役職になる「家」はありませんでした。しかし、永和から明徳年間にかけて幕府から認められた役職や所領・所職を嫡子に継承させるようになって、各「名字の家」が固定化し、その経営が進められていったとされています。歴史的にまとめると、朝定系の顕定（扇谷家）、憲顕・重能《しげよし》系の憲方《のりまさ》（山内家）、憲房系の重能（宅間家）、朝定系の朝宗（犬懸・釈迦堂家《しゃかどうけ》）、そして憲栄《のりひで》・朝房系の越後上杉家（守護家）となります。その後、さらに憲方弟の憲《のり》英《ふさ》（庁鼻和家《こばなわけ》）、山内家の能俊《よしとし》（新宅間家）、顕定の兄頼顕《よりあき》（小山田家《おやまだ》）などが生まれていきました。

【上杉氏略系図】

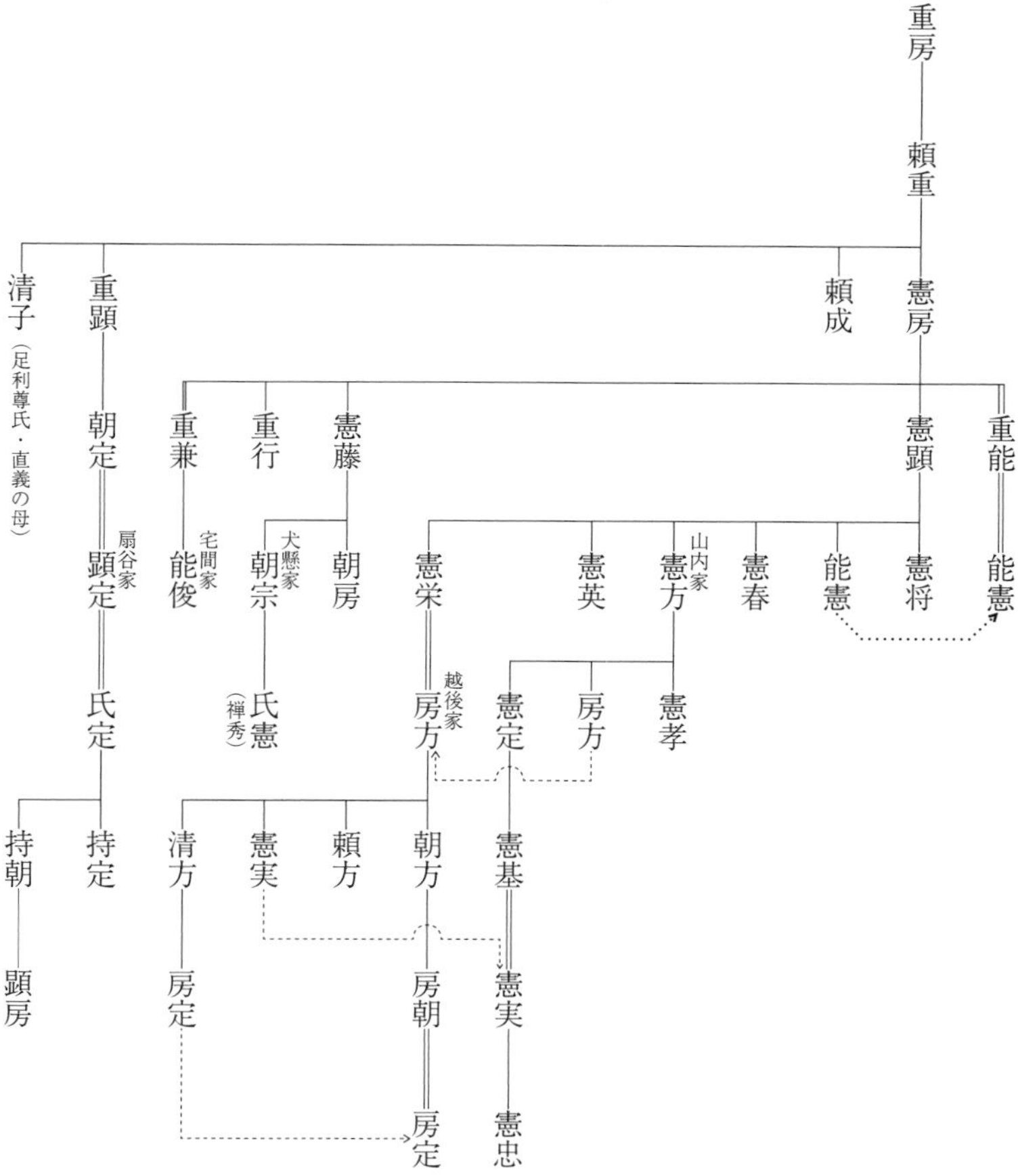
重房
頼重
清子（足利尊氏・直義の母）
重顕
頼成
憲房
朝定
重兼
重行
憲藤
憲顕
重能
扇谷家
顕定
宅間家
能俊
犬懸家
朝宗
朝房
憲栄
憲英
山内家
憲方
憲春
能憲
憲将
能憲
氏定
（禅秀）
氏憲
越後家
房方
憲定
房方
憲孝
持朝
持定
清方
憲実
頼方
朝方
憲基
顕房
房定
房朝
憲実
房定
憲忠

7　遠く下野国の日光山別当が鎌倉に居住していたわけ

室町時代、下野国「日光山別当《にっこうさんべっとう》」という役職の人が普段から鎌倉に住んでいました。その人はまた「大御堂別当《おおみどうべっとう》」ともいわれておりましたが、任命先にも行かず役職ばかりもっていたのでしょうか。

修学旅行先として人気の日光山は、鎌倉幕府将軍家の祈禱所として有名です。その別当には、鎌倉将軍家の一族や皇族が任命されることになっていました。鎌倉後期から室町時代中期までみると、聖恵《しょうけい》（惟康《これやす》親王、または久明《ひさあきら》親王の子）、守恵《しゅけい》（守邦《もりくに》親王の子）、聖守《しょうしゅ》（二品法親王《にほんほっしんのう》）、聖如《しょうじょ》（後光厳《ごこうごん》天皇の子）、満守《まんしゅ》（足利氏満の子）、持玄《じげん》（一条経嗣《いちじょうつねつぐ》の子）などがいます。こうしてみると、日光山は天皇一門や足利氏、公家の出身者によって鎌倉の為政者を守護するための機能をもたされていたといえるのものです。

では、彼らはどんなことをやっていたのでしょう。存在がやや疑われていますが、聖守の時代（康暦二年〈一三八〇〉）には日光中禅寺《ちゅうぜんじ》で「御願曼荼羅供養《ぎょがんまんだらくよう》」を山内《さんない》の見衆《げんしゅ》らが挙行しており、その布施料が支払われていないと聖守に催促している文書があります。次の聖如のときには、「慈覚大師《じかくだいし》御《おん》忌日《きじつ》」の供養が行われています（輪王寺文書）。以降の別当も、おそらくは日光山のゆかりの儀式を行っていったのではないかと思われます。

しかし、日光山に赴いてこうした儀式を挙行していたとは思われない節があるのです。それは、彼ら門主が鎌倉の大御堂、つまり勝長寿院《しょうちょうじゅいん》の別当をも兼任していたからです。同院は源頼朝以来、幕府がもっとも大事にしてきた遺蹟《ゆいせき》寺院であり、関東公方足利氏の祈禱所でもありました。

男体山と中禅寺湖　中世の日光山とは二荒山神社（ふたらさんじんじゃ）と満願寺（まんがんじ・のちの輪王寺）の社寺を併せて指している。源頼朝をはじめ多くの源氏一族の篤い崇敬を集めたことで名高く、特に源氏の遺蹟寺院であった鎌倉・勝長寿院との関係を考えると、その重要性が理解できるだろう

持玄の場合、一時は鎌倉に下向しますが、ほぼ京都にいて将軍足利義持《よしもち》の御中陰法要《ごちゅういんほうよう》などを行っています。それ以前の皇族出身者であれば、なおさらその可能性が高いでしょう。事実、日光山衆徒らはのちに山内《さんない》宝物盗難事件を契機に別当はいらないと鎌倉府に訴えています。

鎌倉府自身もこの後、足利公方持氏の滅亡で、鎌倉府の機能そのものがなくなってしまい、しばらくは日光山との関係はみられなくなります。復活するのは、結城合戦（一四四〇～四一）以後で、足利持氏の遺児成氏《しげうじ》による鎌倉公方継承以降となります。

室町幕府方の攻撃によって追い詰められ自刃する結城氏朝　「結城合戦絵詞」（写）　国立国会図書館蔵

公方成氏連枝《れんし》の成潤《せいじゅん》が日光山と勝長寿院の両別当になるのです。成潤やその兄も、結城合戦の戦乱最中は日光山に避難していたことがあり、こうした関係からも日光山衆徒とも良好な関係にあったようです。ただ日光山の記録では、彼は「権別当《ごんのべっとう》」とあります。正式な受法を継承していないことによるのでしょう。こうして鎌倉公方の復活と同期するように、成潤は改めて日光山への影響力を及ぼそうとしていきます。

しかし、長禄三年（一四五九）、公方成氏が日光山に寄進した鐘銘には彼の名前はありませんでした。彼の名の消失とともに、鎌倉勝長寿院の活動も次第に記録から消えていきました。日光山は新たな権別当たち以下が、地元関係者による山内組織で、近隣の戦国大名たちの支援を受けつつ運営を行っていくようになっていくのです。日光山の記憶は、勝長寿院の記憶とともに受け継がれてきました。でも幕府将軍家と蜜月を結ぶことができる一門僧や公家僧の下向も望めませんでした。それは幕府自身が鎌倉公方の継承する勝長寿院の存在そのものを崩そうと考えていたからではないでしょうか。こうして、鎌倉の人々から日光山の記憶は失われていったのです。

8
鎌倉武士の魂を造る刀工正宗とは、どのような職人か？

鶴岡八幡宮には、天文七年（一五三八）に北条氏綱《うじつな》が奉納した太刀が三振《ふり》あります。刀工《とうこう》は「相州住綱広《そうしゅうじゅうつなひろ》」ほか「綱家《つないえ》」「康国《やすくに》」です。伝承では、鎌倉期の刀工正広《まさひろ》の子孫で氏綱から「綱」字を得たといい、その名跡《みょうせき》は令和の今に続いています。

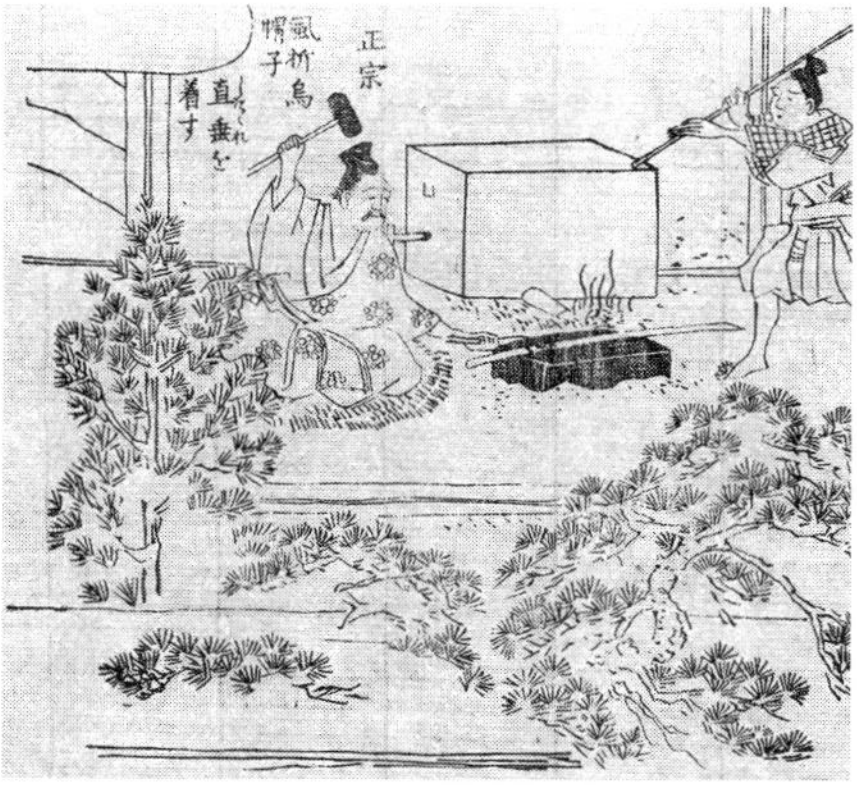

正宗が刀を鍛錬する図　美濃国より相模に下った金重と共に刀を作る正宗　「日本歴史参考図」より転載

現存する重要美術品の作刀銘では正和四年（一三一五）「鎌倉《かまくら》住《じゅう》新藤《しんとう》五国光《ごくにみつ》法名《ほうみょう》光心《こうしん》」と刻まれた短刀が一番古いものです。刀工系図や刀銘尽《とうめいづくし》（『観智院本銘尽《かんちいんぼんめいづくし》』）などには、備前鍛冶《びぜんかじ》・大和鍛冶《やまとかじ》・来鍛冶《らいかじ》などの刀工集団が幕府成立とともに次第に鎌倉に移転してきたように記すものが多いのです。とくに国光《くにみつ》は山内にある小字「藤源治《とうげんじ》」を本拠に、逗子の字「沼間《ぬまま》」などで活動したともあります。

ふつう多くの職人集団は、需要と供給に従って各地を移動することが多いといわれています。鎌倉は幕府お膝元と

左：正宗の墓　鎌倉市・本覚寺　右：正宗の井戸　現在は民家の石垣と竹塀の隙間でわずかに確認できる状況である　鎌倉市

して、都市鎌倉の繁栄にともなって各地から御家人集団が集まり、その需要を満たすための職人規模と場所が必要だったと思われます。鎌倉時代を通じてこうした動きが今に残る作刀に微妙ながらもさまざまな特徴を持つ鎌倉刀をのこしていった理由なのでしょう。

では、鎌倉の刀工新藤五国光の旧跡を示す史料はあるのでしょうか。実は相模海老名《えびな》郷の出身御家人で播磨《はりま》国に地頭職を得ていた海老名氏の伝来文書にそれがあるのです。屋敷内に「しんとうそうかきうち、かちのめむのひうかし」（新藤三が垣内、鍛冶の免の東）とあり、鎌倉鍛冶新藤三の垣内（在家《ざいけ》）と刀職人の税を免除（給与）する内容です（海老名文書：弘安九・九・二一譲状）。御家人らが職人を自分の屋敷に住まわせ、武器・武具を造らせ、代わりに税を免除することはよく行われていました。鎌倉では御家人屋敷跡内にカナクソの残る職人の竪穴式《たてあなしき》掘建柱《ほったてばしら》建物跡がよく見つかりますが、こうしたケースの一つといえましょう。

では、海老名氏は鎌倉に屋敷をもっていたのでしょうか。これも海老名家文書にあるのです。「かまくらのおほまち、まつうらのまへのやち、くち四けん、おくゑ六けん」とあります（同：建武元・一二・一三譲状）。鎌倉大町の松浦前屋地で間口が四間（七・二八メートル）、奥行き六間（一〇・九二メートル）の屋地でありました。大町はその名の通り、鎌倉南東の商業地区としても著名です。間口と奥などの記載は、道路に面している屋敷で、ヒトとモノが集中する地域であることを意味します。ならば、大町地区は鍛冶の原材料鉄材も交易の重要品の一つとして入手しやすかった立地点であったのではないでしょうか。

刃稲荷　鎌倉市

佐助方面へ上る道沿いに「正宗《まさむね》井《い》戸《ど》跡《あと》」が民家の石垣上に残されています。また、「刃稲荷《やいばいなり》」の旧跡も鎌倉市文化交流館内の谷上にありましたが、いまはその山裏の葛原岡《くずはらおか》神社境内に移転、祀《まつ》られています。新藤五国光の継承者が鍛冶をしていた大町とは、まったく反対方向に遺蹟が残りました。でも、あの刀工正宗の供養塔が大町の中心地である本覚寺《ほんがくじ》境内に祀られていることに注意したいのです。時代は異なりますが、それは鎌倉鍛冶新藤五国光の継承者がかつて大町地区に鎌倉期の作業場があったという記憶を伝えていたのかもしれません。

9 関八州の宗教的シンボルを手に入れ、新たな鎌倉を造り上げた北条氏綱

枯るる樹に　また花の木を植えそへて　もとの都に　なしてこそみめ

永正九年（一五一二）八月十三日、伊勢宗瑞《いせそうずい》はこんな歌を詠《よ》みました。公方の不在が鎌倉の名声を低下させていたことに驚いたのです。里見《さとみ》氏による鎌倉乱入（大永六年：一五二六）で、シンボルともいうべき八幡宮の建物はほとんどが焼失していました。

天文元年（一五三二）正月、北条氏綱は社頭内の樹木調査を部下に命じ、さらに八幡宮小別当の大《おお》庭《ば》氏を小弓御所《おゆみごしょ》足利義明《よしあき》のもとに派遣します。彼の影響力が及ぶ房総半島の武士たち、なかでも真里《まり》谷《やつ》武田氏、里見氏らに造営の協力を依頼しました。当時、彼らは敵対勢力でした。でも源氏氏神《げんじうじがみ》の八幡宮造営ということで、こうしたのです。しかし、両上杉氏をはじめ房総・武蔵・上野などの武士たちはほとんど拒否します。前途は厳しいものでした。

そこで八幡宮拝殿に神輿《みこし》を置いたところ、「散銭《さんせん》」がたくさん集まりました。信仰する人々も結構いたのです。天文二年に工事が開始され、築地《ついじ》一八〇間の費用は、間別《まべち》に北条氏一門と家臣たちに所領高に応じて賦課されました。地元玉縄《たまなわ》城主の北条為昌《ためまさ》も費用の負担とともに、氏綱の宿泊場所を提

供しています。

天文二年、当主氏綱の専属大工と鍛冶番匠《かじばんじょう》の争いも発生、氏綱は手打ちの「飲酒」で仲裁しています。相模国内だけでなく京都・奈良からも職人が呼ばれました。技術力の違いや職人気質《かたぎ》などの、いわば「文化摩擦」が頻繁に起こっていたのです。まさに鎌倉の町はバブル全盛時代といえるほど、「ヒト・モノ・カネ」が動く建設ラッシュを迎えていました。多くの職人を管理統制するため、北条氏は「惣奉行→奉行→小奉行」組織に重臣をあて、とくに鎌倉の住人で仏師《ぶっし》（鎌倉彫の祖）後藤繁能《ごとうしげよし》も鎌倉番匠奉行に加えています。

天文三年、次第に工事が進み、十月には諸奉行ら主催の大宴会を氏綱屋形（雑賀屋敷《さいかやしき》）で開いています。職人だけでなく通行人らにも大盤《おおばん》振る舞いし、「酒狂《しゅきょう》の所作《しょさ》」により双方の喧嘩騒ぎもありました。鎌倉の庶民も造営を支援しました。道円本願・勧進《かんじん》道春・本願玉運ら町の有力者（町衆）は、たくさんの勧進銭や奉納太刀などを集めて町へ預けています。道春などは摩滅した「七度小路《しちどこうじ》」（置《おき》石《いし》）を修復して通行の難をなくし、下馬橋《げばばし》の修理をしています。安養院《あんよういん》の僧玉願は、敵方の上総峯上《みねがみ》の山中から切り出した「社頭浜鳥居《しゃとうはまどりい》」建立の材木を小坪《こつぼ》まではるばる海上輸送させています。数千人の鎌倉庶民が鳥居木を引き上げて運び、天文九年に竣工しています。鳥居の「根掘《ねほり》」をしたところ、新木のような根木が出たとも記録されています。いまでもかつての鳥居の跡が鎌倉女学園前の段葛脇に色タイルで跡が示されています。また、本願長泉《ちょうせん》は神宮寺《じんぐうじ》（元薬師堂）を再建します。その際、鎌倉大工が境内の松を伐採したため問題となり、扇谷大工に代わっています。昔から鎌倉住人の神仏（環境）保護意識はかなり高かったことがわかります。

「町の時宗《じしゅ》（衆）」は仮殿礎石《かりどのそせき》が少ないと現場から知らせが来ると、夜を徹して太鼓の合図で礎石を築き上げました。信仰の強い絆《きずな》と鎌倉住人の誇りを感じさせます。

天文九年の春三月、完成間近です。先例により円覚寺「洪鐘《おおがね》」が出開帳《でがいちょう》されました。すると参詣者の「散銭」がたった一日で四四貫文（四四〇万円ほど）にもなりました。でも鐘の精が人に取りついたので、その散銭は寺に返しています。八幡宮の神主大伴《おおとも》氏も初めて「散銭櫃《さんせんびつ》」を置きました。反対者も多く、彼は原因不明の病気になっています。

九月二十四日、氏綱自身は社頭の掃除を自ら行い、家臣や人夫ら二千人も駆け付け、境内は大混雑でした。町衆らも自分たちの神輿を出してよいか、院家《いんげ》に問合せしています。

十一月二十一日、御遷宮の当日を迎えます。亡き小別当大庭良能《よしただ》のかわりに、六浦瀬戸《せと》神社の神主が臨時代行となりました。快晴の中、巳《み》の刻《こく》（午前十時頃）に赤橋《あかばし》まで行幸《ぎょうこう》、下宮《しものみや》で神楽《かぐら》・相撲《すまい》が奉納され、未《ひつじ》の刻《こく》（午後二時頃）に供養が始まりました。簾中方《れんちゅうかた》（北条家奥方）も東桟敷《さじき》で見物しています。神輿の繰り出し、簾中方の社参作法などは、鎌倉勝長寿院の先例が参照されました。二十二日、当主氏綱・氏康《うじやす》親子、長綱《ながつな》（氏綱弟、宗哲《そうてつ》、幻庵《げんあん》）、一門衆、京都伊勢一門、家臣らが出席して、上宮《かみのみや》での転経《てんきょう》・舞楽《ぶらく》の催しが行われました。警備のあるなか鎌倉の住人・有徳人《うとくにん》や勧進者たちもこれを取り巻くように見ていたのではないでしょうか。終了後、鎌倉代官の大道寺盛昌《だいどうじもりまさ》は院家に進物を届け、苦楽をともにした快元僧都《かいげんそうず》の相承院《そうしょういん》ほかへ、自ら訪問して礼を伝えています。

　年明けの天文十年二月十七日、北条氏綱の死が伝えられました。享年五五才。おりしも氏綱の花押のある「社頭入日記《しゃとういれにっき》」が快元のもとに届きました。これが形見となったのです。快元は日記『快元僧都記』に「惜しむべし」と感想を記しています。彼の日記は、ほぼここで終わります。一〇年間にわたり八幡宮の再建事業で苦楽を共にしてきた、北条氏綱・大庭良能らはいません。彼の心の中がわかるような気がします。

　宗瑞がみた鎌倉を、新たな「鎌倉」に作り替えようとした二代氏綱の想い。その一〇年の間には、氏綱の関東管領《かんとうかんれい》職への就任、足利公方への働きかけ、上杉氏の支配する北関東への進出など、上杉氏に代わって関八州《かんはっしゅう》への支配をめざしていくことになりました。こうした様相をともに見ていた快元僧都は、氏綱を「八ヶ国の大将軍」と呼んでいます。つまり八幡宮の復興造営は、関東＝関八州の政治を行ううえでの宗教的シンボルを手にしたとともに、その平安を守るべき役目を北条氏が獲得したことを意味します。それはかつての鎌倉北条氏の役目とその遺跡を継承するという意味もありました。氏綱自身、彼が北条姓を名乗るのもこうしたねらいがあったといえましょう。それはまた、氏綱の想いを支えていった鎌倉の住人＝町衆の存在があってこそ、それが実現できたといえるのではないでしょうか。

10 三浦半島を押さえる戦国北条氏の重要拠点・玉縄城。大城郭の痕跡は今も

ＪＲ大船駅に入ると観音様が見えるでしょう。手前は大きな柏尾《かしお》川の流れ。これより西側一帯が戦国時代の玉縄城《たまなわじょう》の領域なのです。

永正九年（一五一二）、伊勢宗瑞《いせそうずい》が対山内上杉氏への最前線の城として築き、以後は小田原北条氏が滅びるまで、鎌倉への入り口を押さえ、さらに三浦半島全域の支配を行った重要拠点でした。初代の城主は北条氏時《うじとき》で、小田原本城主二代北条氏綱《うじつな》の弟とされます。事績はほとんど残されていません。二代目は氏綱三男為昌《ためまさ》で、天文元年（一五三〇）、死去した叔父の跡を一三歳で継ぎ、三浦郡と小机《こづくえ》領をも支配します。さらに河越《かわごえ》城代にも任じられ、玉縄城主としての存在感を広めていきました。しかし二三歳で亡くなってしまいます。

為昌の玉縄城代だった第三代目の北条綱成《つなしげ》は福嶋九郎《くしまくろう》の子ですが、氏綱は彼を一門として迎え、氏綱の娘大頂院《だいちょういん》を妻とさせて北条の苗字を与えています。故為昌の玉縄領とその部下の玉縄衆、菩提寺所領、三浦郡支配など、領域管理を充実させていきました。江ノ島の保護、藤沢清浄光寺客《ふじさわしょうじょうこうじきゃく》寮《りょう》の差配や触口《ふれくち》役安堵などを行う一方、関東地域へのたび重なる出陣も多かったのです。弘治三年

（右）玉縄城主・北条綱成が使用した「黄八幡」と称される軍旗。戦国時代の勇猛な武将として名を馳せた　長野県・真田宝物館蔵　（左）玉縄城跡の古写真　中央の窪みが本丸跡である　写真提供：「玉縄城址まちづくり会議」　鎌倉市

（一五五七）に武田氏支援で信濃・越後への出陣、元亀二年（一五七一）には駿河深沢《ふかさわ》城・相模足柄《あしがら》城で合戦など、玉縄城代時代と変わらぬ、北条領国の最前線に投入され、黄八幡《きはちまん》の軍旗で有名になりました。

また外交面でも、結城白河、武蔵岩付太田、下総結城、陸奥葦名《あしな》などとの友好、さらには軍略的提携など、小田原本城主の基盤を支える役目を果たしていました。玉縄城も永禄六～八年（一五六三～六五）にかけて城塀《じょうへい》や清《し》水曲輪《みずくるわ》の整備充実が行われ、戦国期の城郭としてその存在感が増していくのです。

第四代氏繁《うじしげ》は、初め小田原当主氏康から一字を得て康《やす》成《しげ》と名乗り、氏康の娘を妻とします。永禄四年の長尾景虎の鎌倉侵入では玉縄城を防備しました。永禄十年（一五六七）には岩付城代に抜擢され、同十二年には鎌倉代官となります。その年の上杉輝虎《てるとら》との同盟では、当主氏康・氏政《うじまさ》・氏照《うじてる》・氏邦《うじくに》とともに起請文を出しています。

玉縄城跡の諏訪壇遠望。北条綱成が玉縄城の守護神として勧請した諏訪神社があった　鎌倉市

すでに当主一門として、家格があがり御一家衆の扱いでした。その後の領国拡大にともなって、古河公方領の保護、さらに常陸方面への軍事戦略から下総飯沼《いいぬま》城代として派遣されます。とくに藤沢の大鋸《おが》《だいぎり》職人らを伴い、城を整備・充実させています。しかし、病気で天正六年に死去します。アメリカに残る彼の揮《き》毫《ごう》した鷹図は、戦国の文化人としての姿を今に伝えてくれます。

父氏繁の死去により五代氏舜《うじきよ》が継承します。天正六年から七年にかけて、佐竹・宇都宮《うつのみや》・那須《なす》氏など反北条方勢力との最前線にいたことや、同八年の玉縄領内で鉄砲による鳥捕獲の禁止など、わずかな活動がみえるだけです。没年や法名も伝わっていないので、第六代の氏勝《うじかつ》の前身という説もあります。この氏勝は、氏繁の次男または氏舜の弟ともいわれます。天正十年五月以前、足柄《あしがら》城番を務め、同十一年から翌年正月までは上野厩橋《まやばし》在番として、佐竹氏など反北条勢力との戦闘に備えていました。

天正十三年（一五八五）十月、徳川家康と厚誼《こうぎ》を結ぶ際にも北条当主に代わり、家臣同士の誓詞交換に署名しています。豊臣秀吉の小田原北条氏攻撃に際しては、伊豆山中《やまなか》城に籠城しますが、落城後は玉縄城まで逃れて、天正十八年四月二十日に秀吉方の浅野長吉《あさのながよし》に投降、玉縄城は開城しました。その後は徳川家康家臣に登用され、近世初頭に下総岩富《いわとみ》領を給付されて近世大名として玉縄北条家は継続していくのです。

玉縄城の本丸跡は、清泉女学院敷地とほぼ重なり、標高八〇メートルほどの通称「城山」山稜部にあります。東西は大きな土塁に囲まれた曲輪《くるわ》跡・大堀切・平場などが随所に残されています。「お花畑」「まりけば（蹴鞠場《けまりば》？）」「御厩曲輪《みまやくるわ》」「清水小路」「ふあん坂」「七曲坂《ななまがりざか》」など、城郭にかかわるのではという地名や通称もいくつも残されています。

さらに「鎌倉街道上之道」が鎌倉関谷《せきや》から玉縄城大手方面に続き、城東側「七曲坂」は植木新宿、戸部《とべ》橋などを経て鎌倉方面への入り口を押さえています。玉縄北条氏菩提寺の龍宝寺《りゅうほうじ》とその山麓をはじめ、周囲には城主の日常屋敷や宿、侍領主の屋敷など、鎌倉の伝統的な特徴の谷戸利用による城下が開かれていたのではないでしょうか。

さらに忘れてはならないのは、地元「玉縄城址まちづくり会議」のメンバーによる、一〇年以上にわたる、玉縄城址の継続調査・研究によって、文献以外に残されている地域の遺構がしだいに明らかにされてきたことです。鎌倉は「鎌倉時代の鎌倉」だけではありません。奥の深い「鎌倉の謎」はまだまだいくつも残されているのです。

11 関東管領の就任式を鶴岡八幡宮で行うこれだけの理由

　永禄四年（一五六一）閏三月十六日、上杉政虎《まさとら》は古河公方家臣の簗田晴助《やなだはるすけ》に起請文《きしょうもん》を出しました。上杉氏の名跡を上杉憲政《のりまさ》から受け継ぐことにつき、もっとも尽力してくれた晴助に感謝の言葉を述べています。「名代職《みょうだいしき》」＝関東管領職について、自分は「斟酌千万《しんしゃくせんばん》」すなわち遠慮して辞退すべきことだが、周りから薦められたのでなってしまったと述べます。でもこの就任について、あらかじめ薦めてくれた諸将重臣たちからは、しっかりと誓紙を取っておりました。さらに公方の家督決めについて、つつみ隠さず相談して晴助の意見に従い、また見放すようなことはしません、とも伝えました。相手と身内とのギブ&テイクの下準備は、まさに万事周到な態勢だったといえましょう。

　実はこの直前の二月二十七日、鶴岡八幡宮に改名前の景虎名でびっしりと細かい字で書き込んだ願文を納めていました。願文の要点は、古代以来の八幡宮の来歴を述べ、宇佐《うさ》・石清水《いわしみず》を経て鎌倉に勧《かん》請《じょう》されたこと、自分長尾氏は鎌倉権五郎景政《ごんごろうかげまさ》の末葉であること、とくに嚢祖《のうそ》の長尾筑前守《ちくぜんのかみ》以来、祖父能景《よしかげ》・父為景《ためかげ》と継承し、景虎自身は二度の上洛で将軍義輝《よしてる》から塗輿《ぬりごし》使用と裏書御免《うらがきごめん》の書札礼《しょさつれい》を得たこと、前年より逆徒による八州の抑留を押さえるため小田原（北条氏）を囲んだことなどを述べて、

上杉謙信の八幡宮拝賀　鎌倉市・鶴岡八幡宮蔵

武・相の土地を八幡宮に寄進して当社の造営を行いたい、と記しています。とくに重要な点は、「十《じっ》指《し》」をあわせて「千度礼拝《せんどれいはい》」＝千度小路＝置石（段葛）＝八幡宮を崇拝することは、政虎が長尾氏出身として「九巴紋《くともえもん》の流《ながれ》」を受けた「父祖亡魂《ふそぼうこん》」に実現を願い擁護してもらおうと、していることです。つまり御霊《ごりょう》たる権五郎景政ゆかりの子孫である政虎こそが鎌倉を差配するべきだ、という意思表示であったのです。同年四月、八幡宮神前で「関東八州の職」を上杉憲政から正式に継承します。大切な時期でしたが、憲政も政虎も病気がちでした。三年後の手紙ですが、継承までのやりとりと儀式の様子を輝虎（政虎から改名）自身が語っています（永禄七・八・四上杉輝虎書状）。

　名代職の与奪《よだつ》（相続）について、私（政虎）がやるべきで、諸家（諸将）らは一揆・同心して領掌するのが当然だと、しきりに懇望してきました。そこで私は、なるのは不相応な儀だと言い返しました。なかんずく若輩の私は将軍家（義輝）の上意《じょうい》を請けたわけではないし、私だけが納得しても叶うわけがない、と。こうして数日のやり取りがありましたが、ついに八幡宮の神前に諸将たちが集まり、強談判《こわだんぱん》で私に催促してきました。大途《だいと》（政虎）は合戦の最中でありながら、このような問題でいたずらに日を送ることは、もしもの事が起きたらどうするのか、と散々にいうのです。さらに名跡《みょうせき》の事（上杉家の継承）は深く辞退すべきと考えましたが、今幸いに戦陣に走り回るうえでは上杉憲政の病も治り、彼から戦陣の旗を預かりましょう、と返答いたしました。それで、諸将一同は一朝で、ともに各自の納得を得ることとなったのです。

すでに政虎は三管領に準ずる待遇をこれまでの二回の上洛で将軍家から認められていました。でもそれで関東の諸将たちが従ってくれるとは限りません。可能にする条件として、一つは「名代職」（関東管領職）の継承であり、一つは関東管領の「旗」を得ることであったのです。こうした点では「名跡の事」は二次的な事項であったのかもしれません。しかし、こうした事がらが関東（東国）武人の神・鶴岡八幡宮神前で、諸将が集まって論議がなされ、ともに納得したこと、それを神が聴いていること、を重視すべきではないでしょうか。中世における「中央の儀」の伝統と神前での「一揆同心《いっきどうしん》」の伝統がここでも継承されているのでしょう。

公家の近衛前嗣《このえさきつぐ》は、この職は公儀《こうぎ》からなされたものでなくとも「利運」が得られ、さらに鶴岡若宮への社参は「武運長久《ぶうんちょうきゅう》の基《もとい》」でめでたいものだ、と改名直後の上杉政虎に丁重な祝いの手紙を送ってきました。将軍義輝さえもが「東国」への出陣が「本意《ほい》に属した」と景虎（政虎）に伝えてきています。神の前では無事に継承の儀礼は終えることができました。しかし、現実の「東国」を差配する道のりは厳しい世界だったのです。

12

房総里見氏のもとに移った小弓公方の娘・青岳尼に怒り心頭の北条氏康

国宝の円覚寺舎利殿《えんがくじしゃりでん》は、太平寺《たいへいじ》住職の青岳尼《しょうがくに》が起こしたトラブルがもとで、円覚寺に移された建物です。もし彼女がいなければ、この建築物が今に伝わることはなかったかもしれないのです。

天文七年（一五三八）十月、古河公方足利晴氏《はるうじ》・北条氏綱《うじつな》・氏康《うじやす》方と足利義明《よしあき》・里見義堯《さとみよしたか》勢が下総国府台《こうのだい》付近で合戦、義明自身と嫡子義純《よしずみ》、多くの一族・家臣が討ち死にしました（第一次国府台合戦）。足利晴氏は北条氏の力を借りて対立する小弓公方を倒したのです。晴氏は、大きな成果の恩賞として氏綱に関東管領職を認める御内書《ごないしょ》を与えました。北条氏は、正統性を争う公方同士の代理戦争を行ったといえましょう。でもこれをきっかけに房総方面へ進出することができるようになりました。

公方義明の遺児頼淳《よりあつ》らは家臣佐々木《ささき》氏に伴われて小弓城を脱出し、里見氏のもとに逃げ込んでいきました。このとき、二人の娘の動向ははっきりしていませんが、後年に鎌倉の太平寺と東慶寺《とうけいじ》の尼住持としてみえる、青岳尼と妹の旭山法暘《きょくざんほうよう》であることが知られています。彼女らは公方の滅亡にともない、鎌倉の尼寺に出仕することで、父や兄弟一族・家臣らを供養する役目を北条氏から与えられていったのではないかと思われます。

上：聖観音菩薩立像　元太平寺の本尊で青岳尼が房総へ持っていったと伝える　鎌倉市・東慶寺蔵　下：里見義堯画像　個人蔵

ところが、永禄四年（一五六一）三月頃、里見義弘《よしひろ》軍の鎌倉侵入があったようなのです。比企谷《ひきがやつ》妙本寺《ほんじ》では里見義弘と家老の正木時茂《まさきときしげ》から兵士の乱暴などを停止させる禁制《きんぜい》を貰っていることからわかります。さらに横須賀の小敷谷《こしきや》氏を通じて、房総嶺上《みねがみ》の証人（人質）を北条氏がとっていることも里見との関係をうかがわせます。里見氏の目的が青岳尼を房総に連れ戻すことではなかったか、と思われます。

北条氏康は、四月二十三日に東慶寺の衣鉢侍者《えはつじしゃ》に太平寺住職青岳尼の「ふしきなる御くわたて」につき、怒りの書状を出しました。青岳尼が「むかい地へ御うつり」してしまったのです。もう「たやし申すよりほかはこれなく候」と尼御山第一位の太平寺をつぶす所存でした。さらに「又御しんそうをぬすミ取へきよし」と、次に東慶寺住職の旭山法暘の拉致《らち》も予想されるほどでした。氏康は明日二十四日までに玉縄城へ妹の旭山法暘を移せ、と命じたのです。間違いがあれば、東慶寺様（旭山法暘）を恨みますとも厳しい言葉でまとめていることも、里見氏と青岳尼のただならぬ関係を旭山法暘も知っていそうな様子がうかがえそうです。

いま東慶寺にある木造聖観音菩薩立像《しょうかんのんぼさつりゅうぞう》は、もとは太平寺の本尊で青岳尼が房総へもっていったと伝えられています。この大きな仏様を戦乱の中で運ぶことはまず不可能です。青岳尼は、おそらく自分の意思で里見義弘のもとに赴《おもむ》いたのではないでしょうか。氏康としては、鎌倉尼五山筆頭の住持を、鎌倉中心部までの里見氏の侵入で拉致されてしまったことにかなりの憤りを持ったはずだと思います。結局、里見氏のもとから鎌倉に戻らなかった青岳尼の身代わりとして、太平寺から木造聖観音菩薩立像が東慶寺に移されて、いまに鎮座していると考えたほうがよいのかもしれません。

青岳尼様も人の子です。若き頃、小弓落城に際して里見氏によって保護されていたときの、里見氏若君らへの想い出もあったのかもしれません。そして、父義明の眠る下総に戻っていったのです。

13 〝流浪する古河公方〟足利義氏が鎌倉に残した想いを記す願文

古河公方足利義氏《よしうじ》ほど、関東各地を転々と移動したものはいないでしょう。公方の本拠地古河《こが》を振り出しに、小田原《おだわら》・葛西《かさい》・関宿《せきやど》・佐貫《さぬき》・鎌倉と流転し、そして古河で亡くなりました。

義氏は古河公方足利晴氏《はるうじ》の子で、天文二十一年（一五五二）十二月、古河で家督を継ぎます。一一才でした。母は北条氏綱の娘である芳春院殿《ほうしゅんいんどの》です。これ以前、兄藤氏《ふじうじ》の家督が決まっていたのですが、北条氏康が無理やり変更させたのです。これを恨んで晴氏・藤氏が二年のちに北条氏に背き、晴氏は秦野《はだの》に押し込められてしまいます。

弘治元年（一五五五）十一月頃、下総の葛西城で元服、将軍足利義輝の一字と足利家の氏字をつけ、梅千代王丸《うめちよおうまる》から義氏と名乗りました。早速に吉書始《きっしょはじ》めが行われ、那須氏などから誓紙が提出されています。北条氏康は公方重臣簗田晴助《やなだはるすけ》に厳かに元服儀礼ができて感謝していることを伝えています。同席した北条氏照《うじてる》はのちに義氏の後見役として活躍していきます。

永禄元年（一五五八）四月、義氏と母芳春院が鶴岡八幡宮を参詣します。ここで名実ともに初めて「鎌倉公方」の想いを持つことができたのではないでしょうか。でもすぐに小田原の氏康へ挨拶《あいさつ》に行くこ

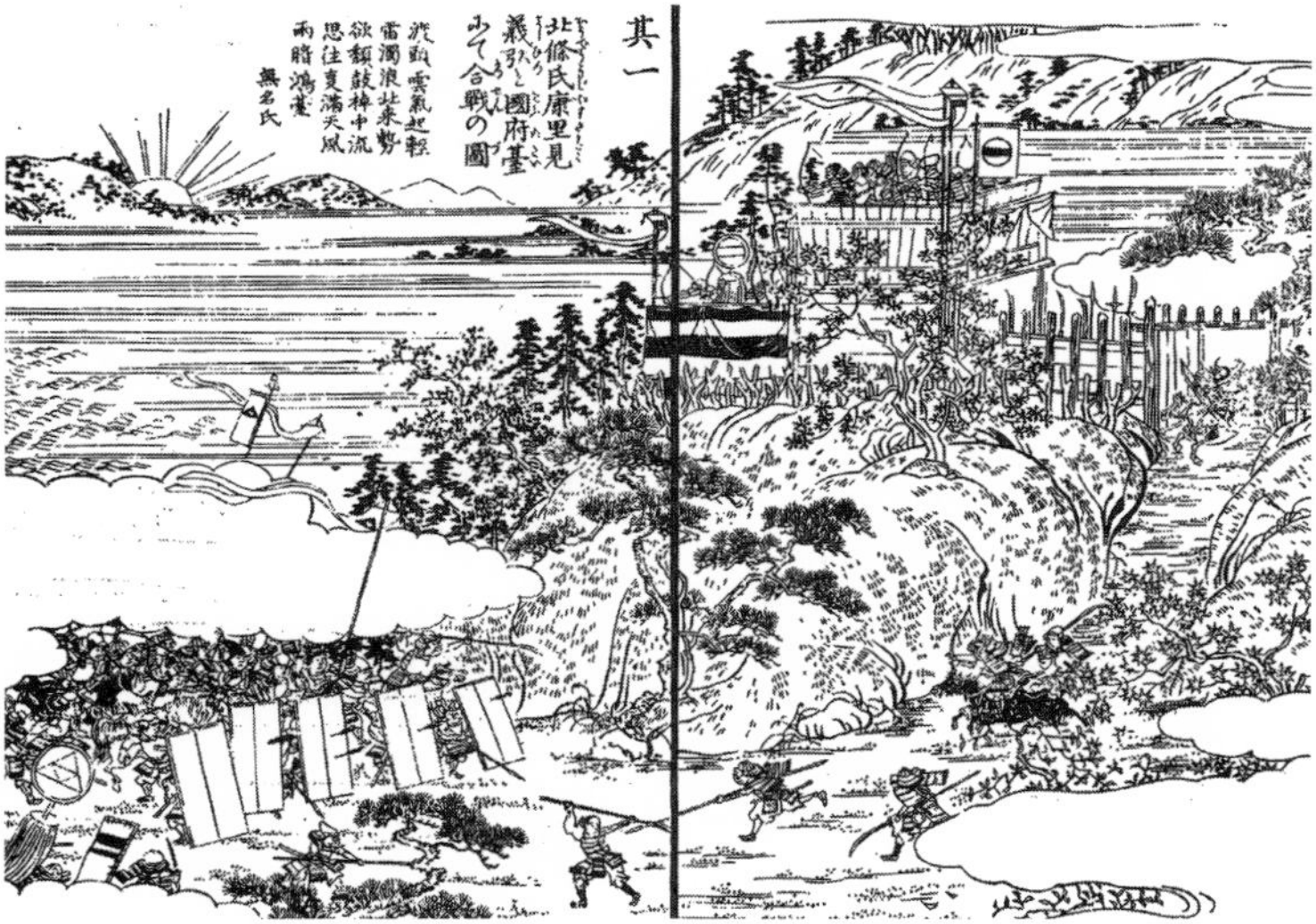

『成田名所図会』に描かれた国府台合戦の図　里見義堯と北条氏康が激戦を繰り広げた

とになりました。下総関宿城にいた簗田晴助とも、そこを義氏の居城とする下話がすでにまとまっており、義氏は八月頃に移っていきました。

永禄七年（一五六四）正月早々から里見氏が下総国府台《こうのだい》に出陣、北条方と合戦となります（第二次国府台合戦）。このころ義氏は上総佐貫城（千葉県富津市《ふっつし》）に御座を移していましたが、七月には鎌倉に引き上げてきています。関宿城の簗田氏（持助《もちすけ》）は義氏とも離れ、翌八年には氏康・氏政軍と戦闘状況となりました。同十年には小田原本城主の氏政に従い、古河城を義氏に返上していきます。その後は、義氏は鎌倉にも滞在しましたが、永禄十三年以降は古河城に留まります。

天正十年（一五八二）閏十二月二十日、義氏は古河城内で亡くなりました。しかし最後の葬儀でさえも、古河公方発祥の地で行われることはあり

最後の古河公方となった足利義氏の墓
茨城県古河市

ませんでした。久喜《くき》の甘棠院《かんとういん》が斎場となったのです。

義氏の運命は、公方家として小田原北条氏の血を受けたことで変わっていきました。戦国から天下統一への狭間に置かれた「古河公方義氏」は、まことに心も身体も「流浪する公方」であったといえるのではないでしょうか。

永禄七年八月一日、義氏が初めての鶴岡八幡宮参詣に納めた願文には、「八州静謐《せいひつ》」「房総」「本意」「武運長久」の願いと「八幡宮寺」「造営」を約しています。最初に「帰坐《きざ》」と記されていることは、かつての「鎌倉公方」の記憶が呼び覚《さ》まされたことなのでしょう。そして十五日には「御座移の宿願」として弘法大師《こうぼうだいし》筆《ひつ》の大般若経《だいはんにゃきょう》を納めました。そこに「天下泰平」の言葉が付け加わっています。わずか十五日間の鎌倉滞在だったのです。

後年の元亀元年（一五七〇）二月、義氏は鶴岡八幡宮に仏舎利《ぶっしゃり》と牛王《ごおう》を奉納します。そこには「如意吉祥《にょいきっしょう》」も加わりました。でも「移座」も「帰座」の言葉もありません。すでに義氏自身には、鎌倉が「帰るべき故郷」＝「鎌倉公方の地」ではなかったのかもしれません。長年の流浪がすでに「鎌倉公方」の意味と重みをも失わせていったのではないでしょうか。

14

戦国の世に先祖の地・鎌倉を訪れた**足利義氏**が行った煌びやかな大行列

永禄元年（一五五八）四月十日、古河公方足利義氏の鶴岡八幡宮参詣が行われました。最後の公方として、その威儀と格式を鎌倉で披露することができたのです。國學院大學図書館と東京大学史料編纂所にある史料から詳しく見てみましょう。

すでに三月下旬、小田原本城の氏康は、当日の供養の段取りと母芳春院《ほうしゅんいん》の参詣受け入れ準備について、蔭山家広《かげやまいえひろ》と後藤宗琢《ごとうそうたく》に指示を出しています。蔭山は八幡宮再建事業の奉行であり、後藤は地元出身の仏師《ぶっし》で鎌倉小代官《こだいかん》でした。やはり造営奉行の一人です。社参に先立ち、八日の未《ひつじ》の刻《こく》（午後二時頃）に公方自身「浜下《はまお》りの次第《しだい》」（潮垢離《しおごり》）を浜の「黒木《くろき》の御所《ごしょ》」で行っています。このとき、御《み》台様《だいさま》、御局衆《おつぼねしゅう》、双方の供侍《ともざむらい》たちはおよそ各千人ほどだったといいます。

社参の行列は、一番（御神馬《ごしんめ》）、二番（御馬曳《ぎょばひき》）、三番（御小物《おこもの》六人仕立・上下御雑色《みぞうしき》）、四番（御走衆《おはしりしゅう》一二名）、五番（御輿《みこし》）、太刀持ち、供奉侍《ぐぶさむらい》（三騎）という編成でした。それぞれの飾り道具は身分によって服装や装備する武器武具なども少しずつ異なっていますが、きらびやかないで立ちでありました。義氏の乗る御輿は、「塗輿《ぬりごし》」で室町幕府の三管領待遇です。ただし、「御簾《ごれん》（中）」（母芳春院は初日には出ません。左右に烏帽子《えぼし》・素襖《すおう》・袴姿《はかますがた》の輿添《こしぞえ》二人が付いていました。

午《うま》の刻《こく》、赤橋の手前、二の鳥居で自ら御輿から降り、立烏帽子《たちえぼし》・精好《せいごう》の直垂《ひたたれ》・紫の差貫腰物《さしぬきこしもの》・扇という姿で現れました。出迎えの神人《じにん》らは御幣《ごへい》を持参、先導させながら義氏は若宮殿《わかみやでん》に御参します。公方の太刀持ち役の一色十郎《いっしきじゅうろう》は介添えとして側に付き、神主からの御幣を受け取り、公方に渡します。拝殿での儀式がこうして行われたのでした。三騎の供奉人は、一色直朝《なおとも》・梶原《かじわら》某・佐々木近江守でした。彼らは立烏帽子・素襖・袴をつけ、弓・空穂《うつぼ》、矢頭《やがしら》、沓《くつ》などで飾り立てていました。社参のときだけは下馬して控えています。

そののち、南大門から右廻廊際を通って西門から武内《たけうち》社、さらに拝殿《はいでん》で御幣奉納をしています。義氏は廻廊左方の御神楽《みかぐら》の間に畳二枚重ねに座り待機しています。そのときの召物は、半被《はっぴ》袷《あわせ》・赤紺地大口《あかこんじおおくち》の水干《すいかん》・腰物の道行《みちゆき》といういで立ちでした。その後、奏者《そうじゃ》一色氏の案内で義氏と氏政は庭に敷かれた白洲上《しらすじょう》の

色革《いろかわ》に座し、僧侶一〇人による拝殿での経供養に臨んだのです。このとき、供奉の三騎馬衆（松田憲《まつだのり》秀《ひで》・笠原綱信《かさはらつなのぶ》・遠山隼人佐《とおやまはやとのすけ》）、北条家宿老衆一〇人は左方向の白洲に控え、奉公衆は南大門から石坂（階段）までの広場に伺候《しこう》しています。八幡宮側では、金襴狩衣《きんらんかりぎぬ》で中将冠《ちゅうじょうかんむり》仕立《じた》ての筆頭神主をはじめ烏甲《からすかぶと》の神人などが多数控えて神子《かみこ》二〇人による神楽の興行、廻廊右での護摩壇《ごまだん》も行われました。

当日の警護の様子は厳重です。比企谷から赤橋の傍まで、辻固衆侍《つじがためしゅざむらい》が置石の二間ごとに一人が立ち、八幡宮に向かって幕が張られ、赤橋から西側方向も同様で、その内側には烏帽子姿の武士が警護するというものものしさでした。これらの責任担当者は氏康代官の山中彦十郎と南条玄番《なんじょうげんば》です。さすがに町衆・住人らは近づくことも難しかったのではないかと思われます。申《さる》の刻《こく》（午後四時頃）に氏政は退出しますが、公方義氏は彼を見送ってからの退出でした。公方の立場を知ることができるでしょう。翌十一日には、義氏はお昼から建長寺・長谷大仏・閻魔堂《えんまどう》を見物し、十二日の巳《み》の刻《こく》（午前十時頃）に江の島弁財天を訪れ、極楽寺に回っています。多忙な中にあっても市中視察で疲れを癒《いや》したことでしょう。十三日のお昼には八幡宮勤供《ごんぐ》に出ています。

公方義氏の社参に要した経費内訳は、神馬一二疋、太刀一二振、代物一〇〇貫、神楽銭一〇〇貫、供銭《ぐせん》六〇貫でした。さらに事前の行列供奉人の手配から移動費用とその人数はかなりのものとなっています。これら経費の出所は氏康方からだったのではないでしょうか。すでに北条氏の丸抱えとはいえ、おかげで公方としての威儀と格式は保たれたようです。

15
江戸開府で〝古都鎌倉〟を再発見するブームが到来。江戸庶民を旅へと誘う

鎌倉公方が戻ってくることを願っていた鎌倉町衆も、「時代は変わる」のを実感として受け止めていたのでしょう。江戸幕府の開府により日本全国で関東への関心が高まります。とくに東海道を往還する人々たちが鎌倉に注目するようになりました。江の島弁財天の御開帳、金沢八景の遊覧などとあわせて「古都鎌倉」への立ち寄りも次第に増えていきました。江戸初期では、幕府儒者《じゅしゃ》の林羅山《はやしらざん》が鎌倉から江の島を訪ねて、あまり豊かではない地域の生活を記しています。臨済宗僧の沢庵宗彭《たくあんそうほう》は江戸謹慎中ながらも鎌倉五山を訪ねます。八幡宮では神楽などが行われ、衰退の様子はありません。しかし建長寺・浄智寺・極楽寺などは堂宇が壊れていたり、扉がなかったりするため、狐狸《こり》の棲む場となっていると記しています。

本格的な「古都鎌倉」への案内書『東海道名所記《とうかいどうめいしょき》』をあらわした浅井了意《あさいりょうい》は、「万事思ひしるものは、旅にまさる事なし」と言い切っています。楽阿弥《らくあみ》という人物が江の島から鎌倉の神社仏閣の来歴を語る趣向で案内をしていきます。

水戸光圀《みつくに》の鎌倉訪問は『鎌倉日記』に詳しく記されています。延宝二年（一六七四）五月、上総湊

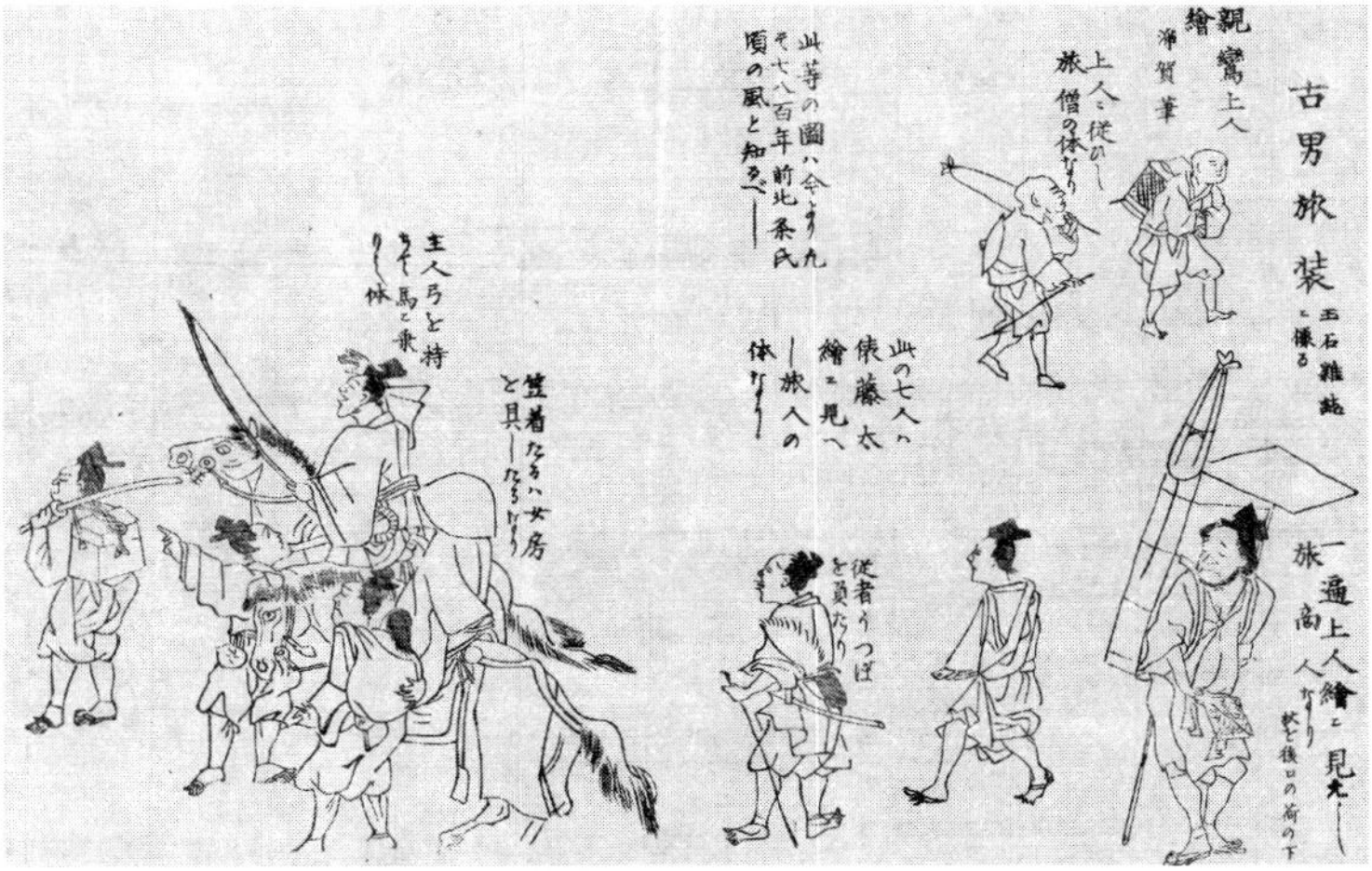

鎌倉時代の旅人の姿　「日本歴史参考図」より転載

から地元大名らの護衛付きで金沢八景に到着、代官らが迎えています。水戸家ゆかりの英勝寺を宿所に七日間鎌倉内を巡検しています。このとき、地元の案内をしたのが乱橋材木座《みだればしざいもくざ》の地方名主《ぢかたみょうしゅ》の蒔田善右衛門《まいたぜんえもん》でした。彼は房総里見氏の旧臣でした。こうした成果がのちに光圀編の『新編鎌倉志』となったのです。

延宝四年（一六八〇）、江戸から鎌倉に若者たち数人と来た医師の紀行『鎌倉紀』は、「古都鎌倉」の日常を人々の生き生きとした姿で語っています。材木座や二の鳥居付近で畑を荒らす猪の捕り物の様子、置石の松原風景、大塔宮土牢《おおとうのみやつちろう》への畦道《あぜみち》、東慶寺に男子が入っていることや有髪《うはつ》女性が苧《からむし》を積み、唐臼《からうす》で麦を突く様子を描いています。

元禄十六年（一七〇三）十一月二十三日、夜の鎌倉に大地震が起こります。「元禄大地震」でした。京都下鴨社《しもがもしゃ》祠官《しかん》梨木祐之《なしきすけゆき》は、戸塚付近で遭遇し、お付きが鎌倉の様子を確認して報告しています。切通しはみな崩れ、円覚寺も本堂・拝堂は崩壊、本尊も泥だらけ、門前二〇〇軒ほどの家も全壊、建長寺もほぼ同様、八幡宮境内も石段・玉垣《たまがき》・石塔・灯篭《とうろう》などすべてが崩壊していたと記しています。

さまざまな被害を越えつつ、「古都鎌倉」は少しずつ復興していきます。男子のみならず、女子も安心した旅ができる時代となってきました。明和四年（一七六七）頃の女性の紀行文『東海の日記』には、グループ旅行で男女数人が金沢・鎌倉・江の島・箱根と廻っています。朝比奈峠を越えて荏柄《えがら》天神参道では露天商を見て、雪下の旅籠《はたご》へ出ます。八幡宮を案内してくれる老人の口臭に辟易《へきえき》している様子もありました。長谷と京都の大仏の大小比較も、女性の身一人では京都にも行けず、実感がわかないことを残念がっています。当時の女性の置かれた立場が思い知られるのです。江の島では汐待《しおまち》の間、浜で子供たちと話しています。

中世社会が創った「古都鎌倉」を、近世社会は「物見遊山の古都鎌倉」へと、視点をシフトさせていきました。それは為政者が行ったことではありません。初期は上流層の主導でしたが、近世中期以降からは、むしろ一般知識人や江戸庶民層がその主役となっていきました。江戸や関西発刊の多くの旅行記や袖珍本《しゅうちんぼん》旅案内などでよくわかるのです。

中世に生まれた「古都鎌倉」の記憶は、令和のいま現在、気軽に出かけられる「身近な古都鎌倉」へと変貌しているのです。

16
北条氏滅亡、足利氏滅亡へと導く鎮魂の地に建てられた 葛原岡神社

福をもたらす宇賀福神《うがふくじん》を祀った通称銭洗弁天《ぜにあらいべんてん》の宇賀福神社。手前に位置する頼朝を助けたという佐助《さすけ》神社。ともに一度は訪れたことはあるかもしれません。この社《やしろ》一帯は、佐助谷《さすけがやつ》という南北に細長い谷に位置し、さらにその先に葛原岡《くずはらおか》神社があります。その北側には、有名な化粧坂《けわいざか》が続いています。江戸時代の「扇ケ谷村絵図《おうぎがやつむらえず》」には、そこに行くまでの「隠里谷《かくれざとがやつ》」「逢坂《おうさか》（大坂）」「七曲坂《ななまがりざか》」などの地名が記されています。

葛原岡神社　鎌倉市

葛原岡神社は、明治十五年（一八八二）四月二十四日、公卿の日野俊基《ひのとしもと》を祭神とする社として認可され、宮内《くない》省《しょう》から御下賜金《ごかしきん》も得ています。日野俊基は正中元年（一三二四）、後醍醐天皇の側近として討幕への謀議を行い、一度は許されましたが（正中の変）、再び捕縛され、元弘元年（一三三一）六月、この葛原岡で処刑されたのです。

日野俊基の墓　鎌倉市

神社境内の「日野俊基卿碑文」建立前後の話は、一般にはまったく知られておりません。明治政府の南朝遺跡を顕彰する動きのなかで、明治十七年（一八八四）二月に忠臣として俊基に従三位が贈られました。この時期、墓所隣接地の買収や境内地の開墾整備などもあわせて、地元梶原地区の有志、石井《いしい》八郎《はちろう》右《え》衛門《もん》・喜《き》右《え》衛門《もん》・市郎《いちろう》左《ざ》衛《え》門《もん》をはじめ、二階堂長谷川真杉、扇谷和田利左衛門、さらに戸塚・横浜在住の人々が発起人になって「碑石建設」へ向けて動き出します。戸長《こちょう》である彦坂《ひこさか》忠《ちゅう》左《ざ》衛門《えもん》の助力で藤沢警察署に建設の申請をして、明治十九年四月十七日に許可されています。とくに元伊予《いよ》藩士の宇高正郎《うだかまさろう》と松岡利紀《まつおかとしのり》の奔走《ほんそう》によって今の広い境内地となったことも忘れることはできません。「碑石興隆事務局」は日本橋霊岸島越前掘《にほんばしれいがんじまえちぜんぼり》の琴平《ことひら》神社で、担当は横浜の増田《ますだ》増蔵《ますぞう》・和田除助の二人でした。寄付金などは鎌倉雪下「内国通運会社」が担当、扇谷杉浦政雄《すぎうらまさお》、鎌倉郵便局長の大石平左衛門《おおいしへいざえもん》、事務員の佐藤喜一郎《さとうきいちろう》、加納慶次郎《かのうけいじろう》、杉山源兵衛《すぎやまげんべえ》らが実務を担当しています。企画書によると、石碑は「仙台石」で法量は高さ一丈一尺五寸（約三メートル四八センチ）、幅三尺五寸、厚さ一尺で、石工は志賀喜一郎《しがきいちろう》となっています。

石碑の撰文《せんぶん》は伯爵《はくしゃく》柳原前光《やなぎわらさきみつ》、書は渋沢《しぶさわ》宣三です。柳原は元老院議員《げんろういんぎいん》・枢密顧問《すうみつこもん》・宮中顧問官《きゅうちゅうこもんかん》などを務め、このときは賞勲局総裁《しょうくんきょくそうさい》でした。撰文中に「古来一句、死もなく生も無し、万里雲尽き《ばんりくもつ》、長江水清し《ちょうこうみずきよ》」と俊基の辞世漢詩が刻まれています。国指定史跡である彼の墓は参道手前墳丘《ふんきゅう》の宝《ほう》篋印塔《きょういんとう》です。昭和の初めに理智光寺跡《りちこうじあと》の墓石を供養塔としました。

大正十五年（一九二六）六月、扇谷浄光明寺の住職大三輪《おおみわ》信哉《しんさい》は、大正関東大地震による被害を受けた供養塔の惨状復興を行いました。このときの法要で筑前琵琶楽曲《ちくぜんびわがっきょく》「葛原岡《くずはらおか》」（井上旭覇《きょくは》作曲）が法楽供養《ほうがくくよう》され、その後、毎年行われていきました。このときに作られた俊基の位牌も同寺に安置されています。戦国時代、浄光明寺慈恩院《じおんいん》が同寺を兼務していた関係から、もとの位牌は理智光寺に返したと伝えられています（『新編鎌倉志』）。

平成十年（一九九八）十一月、有志の団体「鎌倉親幕府」が、法要を「俊基卿まつり」として復活させ、現在に至っています。神官と僧がともに供養を行う神仏混交の形をとる、珍しい供養祭です。

葛原岡の歴史は、鎌倉末期には日野俊基の刑場として、室町中期の永享《えいきょう》の乱では、鎌倉公方足利持氏が関東管領上杉憲実《のりざね》の家宰《かさい》長尾忠政《ただまさ》と会談し、鎌倉永安寺《ようあんじ》にて自害に向かう決断の場となったといいます。日野俊基の想いは「元弘の乱」として北条氏の滅亡へ、上杉憲実の想いは「永享の乱」として鎌倉公方足利氏の滅亡に繋がりました。しかし、それは、以降の歴史にあらたな戦国時代を呼び込む契機となったといえましょう。

17 鎌倉宮は、葛原岡神社と再びの武家支配封じを願って東・西に建てられた

明治天皇が自ら命じて建立させた神社といえばここしかありません。祭神は後醍醐天皇の皇子である護良親王《もりよししんのう》です。中先代《なかせんだい》の乱の最中、足利直義《ただよし》の命で悲憤を残しながら殺害されました。彼の魂ははるか後年の明治二年（一八六九）二月、ここに勧請《かんじょう》されたのです。通称「大塔宮《おおとうのみや》」と呼ばれています。

護良《もりなが》親王はもともと仏門に入っていたのですが、還俗《げんぞく》して父後醍醐天皇の討幕計画に参加していった経過があります。元弘三年（一三三三）六月十三日に征夷大将軍に任じられ（『増鏡《ますかがみ》』）、足利尊氏もまた同月五日に鎮守府《ちんじゅふ》将軍となりました（『公卿補任』）。同時に二人の将軍が並んでいたのです。父後醍醐がすでに六波羅を落として京都支配を行おうとする足利尊氏をけん制するために護良親王を還俗させ、将軍にさせたらしいのです。それはのちに後醍醐が護良親王に再度仏門に戻るようにと勧めたにもかかわらず拒絶し、尊氏攻撃の企てを止める代わりに護良親王の将軍宣下を認めさせて、京都に戻っていった経過から考えられることです（『太平記』）。

護良親王と尊氏の対立は、その後も続きました。要は二人の将軍並立状況は、従う多くの武士をも混迷の渦中に巻き込んでいったのです。そのことは双方の「軍忠状《ぐんちゅうじょう》」が入り乱れて存在することで

土牢に傷き御最期の護良親王　「国史画帖 大和櫻」より

も明らかです。元弘三年八月頃、父後醍醐は護良親王の将軍職を解任します。あわせて、護良親王の出した文書（令旨《りょうじ》）を破棄する命令（綸旨《りんじ》）を各地に出しています。後醍醐と護良親王のめざすところは大きく違ってきたのです。

建武元年（一三三四）六月、親王は尊氏邸を襲うが失敗します。尊氏から父後醍醐への抗議に対して、「護良親王の張行《ちょうぎょう》」だと責任を彼に押し付けました（『太平記』）。結局、「宮《みや》の御謀《ごむ》叛《ほん》」（『梅松論』）とされて、都の武者所《むしゃどころ》に捕縛、鎌倉へ送られます。建武元年十一月でした。

当時、鎌倉には成良親王《なりよししんのう》を奉じた足利直義が現地鎌倉の支配責任者でした。護良は「二階堂の谷に土の籠《かご》を塗《ぬり》てぞ置進《おきまいら》せ」られたのです（『太平記』）。土を塗り込めた牢獄《ろうごく》のことで、鎌倉宮に今あるような洞窟に押し込められたとは言っていません。護良親王には女房南御方《みなみのおんかた》が一人付いていたといいます。のちに彼女が後醍醐に皇子の最期を伝えることになるのです。

建武二年七月、中先代北条時行《ときゆき》の軍勢が鎌倉に押し寄せ、直義一行は一時鎌倉を退去、山内付近で淵辺伊賀守《ふちのべいがのかみ》に護良親王の殺害を命じました。殺害の様相は、中国周時代の「眉間尺《みけんじゃく》」の話を踏まえて『太平記』には記されています。のちの貞和三年（一三四七）七月、殺害現場の東光寺《とうこうじ》に住持により利生塔《りしょうとう》が建てられたときに、直義は竺仙梵僊《じくせんぼんせん》を請じて護良親王の冥福を祈っています（『竺仙録』）。北条時行方に護良親王を奉じられることを恐れた直義の、深慮の結果と思われますが、親王の殺害は直義の心に焼き付いていたのではないでしょうか。

明治政府は、護良親王死去の地である東光寺跡を鎌倉宮とし、さらに東側の丘陵上を御陵《ごりょう》としました。そこは永福寺跡を西に見下ろす位置にあたります。源頼朝と幕府の記憶を象徴する場を監視しているようです。葛原岡神社も鎌倉の西にあたり、源義朝の「鎌倉楯」（寿福寺付近）を見下ろすように建っています。鎌倉幕府は承久の乱以降、天皇を差配《さはい》していきました。しかし、後醍醐天皇の時代こそ、王権が久しぶりに花開いた時代だったのです。

明治政府は、武家政権最後の継承者江戸幕府体制を否定しました。さらに、武家時代の発祥地ともいうべき永福寺跡とその元を創った源義朝の地をおさえこむように、あらたに王権の復活に命を尽くした護良親王の鎌倉宮と日野俊基の葛原岡神社を東と西に建立したのではないのでしょうか。

参考文献一覧

『綾瀬市史　通史編』（綾瀬市、一九九九年）
『神奈川県史　資料編一　古代中世（一）』（神奈川県、一九七〇年）
『神奈川県史　通史編一　原始古代中世』（神奈川県、一九八一年）
『神奈川県史　各論編三　文化』（神奈川県、一九八一年）
『鎌倉の埋蔵文化財一・二・四・八・一一・一八・二〇・二一・二二・二三』（鎌倉市教育委員会、一九九六～二〇一九年）
『鎌倉市史　近世近代紀行地誌編』（吉川弘文館、一九八五年）
『鎌倉大仏と阿弥陀信仰』（金沢文庫、二〇〇二年）
「鎌倉公方御社参次第」（国学院大学図書館蔵）「鶴岡八幡宮者参記」（「佐竹家旧記九」所収）（『北区市資料編　中世二』北区、一九九五年）
『研修道場用地発掘調査報告書』（鎌倉市鶴岡八幡宮研修道場用地発掘調査団、一九八三年）
『国宝と歴史の旅7』（朝日新聞社、二〇〇〇年）
『「古都鎌倉」を取り巻く山稜部の調査』（神奈川県教育委員会・鎌倉市教育委員会・かながわ考古学財団、二〇〇一年）
『上越市史　通史編　二　中世』（上越市、二〇〇四年）
『上越市史　別編　一　上杉文書集一』（上越市、二〇〇三年）
「新編鎌倉志」杉本観音堂（『新編相模国風土記稿六』雄山閣、一九七五年）
『逗子市文化財調査報告書神武寺』第一集（逗子市教育委員会、一九七〇年）
『杉本寺周辺遺跡発掘調査報告書』（鎌倉市教育委員会、二〇〇二年）
『杉本寺周辺遺跡発掘調査報告書』（博通、二〇〇七年）
『千葉県の歴史　通史編　中世』（千葉県、二〇〇七年）
『中世法制史料集 第一巻 鎌倉幕府法』（岩波書店、一九六九年）
『鶴岡八幡宮境内発掘調査報告書』（鶴岡八幡宮境内発掘調査団・鎌倉市教育委員会、一九八五年）
『直会殿用地発掘調査報告書』（鎌倉市鶴岡八幡宮直会殿用地発掘調査団、一九八三年）

『日光市史　上巻』（日光市、一九七九年）
『新田町誌　第四巻』（新田町、一九八四年）
『日本の絵巻一三　蒙古襲来絵詞』（中央公論社、一九八八年）
『日本思想大系二一　中世政治社会思想　上』（岩波書店、一九七二年）
『北条泰時・時頼邸跡雪ノ下一丁目三七一番―一地点発掘調査報告書』（鎌倉市教育委員会、一九八五年）
『北条時房・顕時邸跡雪ノ下一丁目二七二番地点』（北条時房顕時邸発掘調査団、一九九七年）
『源頼朝公展』（鶴岡八幡宮、一九九九年）
「米町遺跡（No.一三二）大町二丁目二三二五番外地点」（『鎌倉市埋蔵文化財緊急調査報告書一一』鎌倉市教育委員会、一九九五年）
『冷泉家時雨亭叢書八一　冷泉家歌書紙背文書　上』（朝日新聞社、二〇〇六年）
赤澤春彦「陰陽師と鎌倉幕府」（『日本史研究』四九六号、二〇〇三年）
赤澤春彦「鎌倉陰陽師惟宗文元と奉行人皆吉氏」（『中央史学』二七号、二〇〇四年）
赤澤春彦「鎌倉期の官人陰陽師」（『鎌倉遺文研究』二一号、二〇〇八年）
赤澤春彦「鎌倉後期～末期の鎌倉陰陽師」（阿部猛編『中世政治史の研究』日本史史料研究会論文集①、二〇一〇年）
赤澤春彦編『陰陽道史料目録』（『日本史史料研究会』、二〇一〇年）
秋山哲雄「都市の誕生」（高橋慎一朗・千葉敏之編『中世の都市　史料の魅力、日本とヨーロッパ』東京大学出版社、二〇〇五年）
秋山哲雄『北条氏権力と都市鎌倉』（吉川弘文館、二〇〇六年）
浅倉直美編『玉縄北条氏』（岩田書院、二〇一二年）
阿部正道「中世の政治都市鎌倉」（『地形図に歴史を読む』第二集大明堂、一九七〇年）
阿部能久「浄妙寺と鎌倉公方御所」（高橋慎一朗編『鎌倉の歴史』高志書院、二〇一七年）
網野善彦『日本の歴史一〇　蒙古襲来』（小学館、一九七四年）
網野善彦『蒙古襲来』（小学館文庫、二〇〇〇年）
網野善彦『中世民衆の生業と技術』（東京大学出版会、二〇〇一年）

網野善彦「鎌倉の『地』と地奉行」(『網野善彦著作集 第一三巻 中世都市論』岩波書店、二〇〇七年)
荒井秀規・田尾誠敏『古代神奈川の道と交通』(藤沢市文書館、二〇一七年)
飯島吉晴「烏枢沙摩明王と厠神」(『仏教民俗学大系八』名著出版、一九九二年)
飯島吉晴『竈神と厠神』(講談社学術文庫、二〇〇七年)
池内義資『御成敗式目の研究』(平楽寺書店、一九七三年)
池内義資編『中世法制史料集別巻』(岩波書店、一九七八年)
石井 進「鎌倉時代中期の千葉氏—法橋長専の周辺—」(『千葉県史研究』創刊号、一九九三年)
石井 進『鎌倉人の声を聞く』(NHK出版、二〇〇〇年)
石橋一展「南北朝室町期の関東護持僧について」(佐藤博信編『中世東国の政治構造』岩田書院、二〇〇七年)
石丸 熙「中世鎌倉の一側面」(『三浦古文化』二三号、一九七八年)
石渡隆之「鎌倉公方御社参次第」『横須賀市博物館研究報告一三号』(人文科学、一九六九年)
伊藤一美「御成敗式目註釈と安保氏泰」(『戦国史研究』第一号、一九八一年)
伊藤一美『戦国時代の藤沢』(名著出版、一九八三年)
伊藤一美「鎌倉期における『城郭』と武装」(『城郭史研究』一五号、一九九五年)
伊藤一美「中原光氏と中原光上—二人の舞楽師—」(『逗子吾妻鏡研究』第二四号、二〇〇〇年)
伊藤一美「鎌倉における親玄僧正の歴史的位置」(『鎌倉』第九七号、二〇〇三年)
伊藤一美「『渋谷定心置文』にみる御家人役と一族規範」(『藤沢市文化財調査報告書』第三八集、二〇〇三年)
伊藤一美「源義朝『沼浜御旧宅』地考」(『日本歴史』六六八号、二〇〇四年)
伊藤一美「源頼朝子息貞暁をめぐる人間関係と吾妻鏡情報」(白川部達夫編『近世関東の地域社会』岩田書院、二〇〇四年)
伊藤一美「御家人渋谷氏情報と『吾妻鏡』編纂記事」(『藤沢市文化財調査報告書』第三九集、二〇〇四年)
伊藤一美「初期渋谷重国に関する『吾妻鏡』情報再考」(『藤沢市文化財調査報告書』第四〇集、二〇〇五年)
伊藤一美「現代語訳『快元僧都記』一～九」(『藤沢市文化財調査報告書』藤沢市教育委員会、二〇〇九年～二〇一七年)

伊藤一美「鎌倉の古道といわゆる『七口』について」（『城郭史研究』三〇号、二〇一〇年）
伊藤一美「野津本『北条系図大友系図』の書写場所と鎌倉亀谷郷雪下屋形」（『鎌倉』一一一号、二〇一一年）
伊藤一美「日野俊基卿碑文の設置秘話」（鎌倉親幕府編『日野俊基卿祭』鎌倉親幕府、二〇一二年）
伊藤一美「戦国時代の鎌倉」（福田豊彦・関幸彦編『「鎌倉」の時代』山川出版社、二〇一五年）
伊藤一美『藤沢市史ブックレット六 大庭御厨に生きる人々』（藤沢市文書館、二〇一五年）
伊藤一美「『墨書木簡』が語る鎌倉の御家人たち」（関幸彦編『相模の武士団』吉川弘文館、二〇一七年）
伊藤一美「宮内庁図書寮文庫所蔵『犬之書』と犬医療行為の歴史」（『日本獣医史学雑誌』第五四号、二〇一七年）
伊藤一美「壬生晴富と『吾妻鏡』の事例」（『逗子吾妻鏡研究』第三八号、二〇一七年）
伊藤一美「現代語訳『親玄僧正日記』」（『藤沢市文化財調査報告書』第五三～五六号、二〇二〇年～）
伊藤一美「円覚寺黄梅院領相模国小坪郷小考」（神奈川地域史研究、第八号、一九八九年）
伊藤一美「鎌倉の内湊町『飯嶋』と『和賀江津』」（田中善男編『歴史の中の都市と村落社会』思文閣出版、一九九四年）
伊藤一美「江ノ島合戦と公方足利成氏の動座」（『鎌倉』一二〇号、二〇一六年）
稲葉一彦『「鎌倉の碑」めぐり』（表現社、一九八二年）
井原今朝男「小笠原遠光長清一門による将軍家菩提供養」（『金沢文庫研究』第三二〇号、二〇〇八年）
岩田尚一「北条義時の大倉亭と『吾妻鏡』戌神霊験譚の原史料」（『鎌倉遺文研究』四三号、二〇一九年）
植松　黎『毒草の誘惑』（講談社、一九九七年）
内山幸子『イヌの考古学』（同成社、二〇一四年）
江田郁夫「武力としての日光山」（『日本歴史』六三八号、二〇〇一年）
江田郁夫『室町幕府東国支配の研究』（高志書院、二〇〇八年）
太田静六『寝殿造りの研究』（吉川弘文館、一九九二年）
大三輪龍哉「『浄光明寺敷地絵図』に見る屋地」（『鎌倉遺文研究』二七号、二〇一一年）
大三輪龍哉「『浄光明寺敷地絵図』の世界」（関幸彦編『「鎌倉」の時代』山川出版社、二〇一五年）

大三輪龍彦『鎌倉のやぐら』（かまくら春秋社、一九七七年）
大三輪龍彦編『浄光明寺敷地絵図の研究』（新人物往来社、二〇〇五年）
大木秀一・彦聖美「日本における多胎児支援の歴史的変遷と今日的課題」（『石川看護雑誌』Vol．14、二〇一七年）
岡陽一郎「幻影の鎌倉城」（五味文彦・馬淵和夫編『中世都市鎌倉の実像と境界』高志書院、二〇〇四年）
岡田章雄『犬と猫　日本人の生活文化史』（毎日新聞社、一九八〇年）
笠松宏至『法と言葉の中世史』（平凡社、一九八四年）
風間　洋「中世鎌倉人に思いを馳せよう」（『地方史研究』三九四号、二〇一八年）
勝俣鎮夫『戦国法成立史論』（東京大学出版会、一九七九年）
勝俣鎮夫『一揆』（岩波新書、一九八二年）
金子浩之『戦国争乱と巨大津波』（雄山閣、二〇一六年）
鎌倉考古学研究所編『中世都市鎌倉を掘る』（日本エディタースクール出版部、一九九四年）
鎌倉市『鎌倉市史　総説編』（吉川弘文館、一九五九年）
鎌倉市『鎌倉市史　考古編』（吉川弘文館、一九五九年）
鎌倉八幡宮発掘調査団『鶴岡八幡宮発掘の記録』（鎌倉春秋社、一九八〇年）
河野眞知郎『中世都市鎌倉　遺跡が語る武士の都』（講談社メチエ、一九九五年）
河野眞知郎「鎌倉都市の道、都市からの道」（藤原良章・村井章介編『中世のみちと物流』（山川出版社、一九九九年）
川副武胤「鎌倉時代方位の観測」（『日本歴史』三八五号、一九八〇年）
木村　進「鎌倉時代の陰陽道の一考察」（『陰陽道叢書二』、名著出版、一九九三年）
桐野作人・吉門裕『愛犬の日本史』（平凡社新書、二〇二〇年）
黒田基樹『戦国大名北条氏の領国支配』（岩田書院、一九九五年）
黒田基樹『戦国大名領国の支配構造』（岩田書院、一九九七年）
黒田基樹『戦国北条氏五代』（戎光祥出版、二〇一二年）

黒田基樹編著『関東管領上杉氏』(戎光祥出版、二〇一三年)
黒田　智「『鎌倉』と鎌足」鎌倉遺文研究会編『鎌倉期社会と史料論』(東京堂出版、二〇〇二年)
黒田日出男『源頼朝の真像』(角川書店、二〇一一年)
小池勝也「室町期日光山別当考」(『歴史と文化』第二三号、二〇一四年)
小島つとむ「鎌倉の刀工と刀剣」(福田豊彦関幸彦編『「鎌倉」の時代』山川出版社、二〇一五年)
後藤みち子「武家の乳母と乳母父」(『鎌倉』第八五号、一九九七年)
五味文彦「在京人の位置」(『史学雑誌』第八三編の三、一九七四年)
五味文彦「縁にみる朝幕関係」(『明月記研究』五号、二〇〇〇年)
五味文彦『増補吾妻鏡の方法』(吉川弘文館、二〇〇〇年)
五味文彦ほか編『現代語訳吾妻鏡別巻　鎌倉時代を探る』(吉川弘文館、二〇一六年)
齋藤慎一『中世東国の道と城館』(東京大学出版会、二〇一〇年)
佐伯有清『日本古代の祭祀と仏教』(吉川弘文館、一九九五年)
寒川　旭『地震の日本史』(中公新書、二〇〇七年)
桜井清香「神護寺の諸像」(『大和絵と戦記物語』徳川黎明会、一九六九年)
佐々木馨「鎌倉幕府と陰陽道」(佐伯有清編『日本古代中世の政治と宗教』吉川弘文館、二〇〇二年)
佐々木稔「鉄と日本刀」(『いくさ』吉川弘文館、二〇一一年)
笹本正治『辻の世界：歴史民俗学的考察』(名著出版、一九九一年)
佐藤堅一・福田豊彦「室町幕府将軍権力に関する一考察」(『日本歴史』二二八・二二九号、一九六七年)
佐藤進一「室町幕府論」(『日本中世史論集』岩波書店、一九九〇年)
佐藤進一『鎌倉幕府訴訟制度の研究』(岩波書店、一九九三年)
佐藤進一・池内義資編『中世法制史料集　第一巻　鎌倉幕府法』(岩波書店、一九六九年)
佐藤博信「太平寺青岳尼と里見義弘」(『千葉史学』二二号、一九九三年)

佐藤博信『古河公方足利氏の研究』（校倉書房、一九八九年）
佐藤博信『中世東国足利・北条氏の研究』（岩田書院、二〇〇六年）
佐藤博信「鎌倉蒔田善右衛門家の近世的展開」（『鎌倉』一二一号、二〇一六年）
佐藤雄基「中世の法典御成敗式目と分国法」（高知知佳・小石川裕介編『日本法史から何が見えるか』有斐閣、二〇一八年）
佐藤雄基「鎌倉時代における天皇像と将軍得宗」（『史学雑誌』第一二九編一〇号、二〇二〇年）
佐藤和彦・谷口榮編『吾妻鏡事典』（東京堂出版、二〇〇七年）
塩澤寛樹『鎌倉大仏の謎』（吉川弘文館、二〇一〇年）
塩澤寛樹「鎌倉大仏追考」（『鎌倉』一二六号、二〇一九年）
清水久男「古今東西トイレよもやま話」（大田区立郷土博物館編『トイレの考古学』、一九九七年）
清水眞澄『鎌倉大仏』（有隣新書、一九七九年）
下山治久「北条為昌と東郡・三浦郡支配」（『綾瀬市史研究』第五号、一九九八年）
下村周太郎「鎌倉幕府の確立と陰陽師」（『年報中世史研究』三三号、二〇〇八年）
シンポジウム彫刻史研究会「仏師運慶をめぐる新発見と課題」（『金沢文庫研究』第三二〇号、二〇〇八年）
杉橋隆夫「牧の方の出身と政治的位置」（井上満郎・杉橋隆夫編『古代中世の政治と文化』思文閣出版、一九九四年）
杉山　博『戦国大名後北条氏の研究』（名著出版、一九八二年）
逗子市教育委員会『史跡名越切通整備事業に伴う発掘調査報告書』（逗子市教育委員会、二〇一二年）
鈴木由美『中先代の乱』（中公新書、二〇二一年）
鈴木由美「中先代の乱に関する基礎的考察」（阿部猛編『中世の支配と民衆』同成社、二〇〇七年）
鈴木由美「先代中先代当御代」（『日本歴史』七九〇号、二〇一四年）
鈴木良昭「鎌倉大仏存疑（上下）」（『鎌倉』一二二・一二三号、二〇一七年）
関　幸彦『「鎌倉」とはなにか』（山川出版社、二〇〇三年）
関　幸彦『その後の鎌倉』（山川出版社、二〇一八年）

関　幸彦『敗者たちの中世争乱』（吉川弘文館、二〇二〇年）
関　幸彦・野口実編『吾妻鏡必携』（吉川弘文館、二〇〇八年）
千田孝明「応永・永享期の日光山」（地方史研究協議会編『宗教・民衆・伝統』一九九五年）
平　雅行『日本仏教の史的展開』（塙書房、一九九九年）
平　雅行「鎌倉山門派の史的展開」（『大阪大学大学院文学研究科紀要』四〇号、二〇〇〇年）
高橋慎一朗編『鎌倉の歴史』（高志書院、二〇一七年）
高橋典幸『鎌倉幕府軍制と御家人制』（吉川弘文館、二〇〇八年）
高田義人「泰山府君祭都状の古文書学的考察」（『古文書研究』八五号、二〇一八年）
瀧川政治郎『日本法律史話』（講談社学術文庫、一九八六年）
滝澤昌子「政所跡の発掘調査　二〇一九年度調査地点を中心として」（『鎌倉市遺跡調査研究速報』鎌倉考古学研究所、二〇二〇年）
田口　寛「足利持氏の若君と室町軍記」（植田真平編著『足利持氏』戎光祥出版、二〇一六年）
田中大喜「中世前期下野足利氏論」（田中大喜編著『下野足利氏』戎光祥出版、二〇一三年）
田中奈保「葛西谷　滑川と六浦道の接点」（高橋慎一朗編『鎌倉の歴史』高志書院、二〇一七年）
田辺久子『関東公方足利氏四代』（吉川弘文館、二〇〇二年）
谷口研吾『犬の日本史』（ＰＨＰ研究所、一九九九年）
谷口雄太「足利持氏願文は『血書』か」（『鎌倉』一二七号、二〇二〇年）
田端泰子『日本中世の社会と女性』（吉川弘文館、一九九八年）
田端泰子『乳母の力』（吉川弘文館、二〇〇五年）
玉井幸助校訂『問はず語り』（岩波文庫、一九六八年）
玉縄城址まちづくり会議編『鎌倉・玉縄城の歴史的特質を明らかにする』（玉縄城址まちづくり会議事務局、二〇一六年）
玉縄城址まちづくり会議編『玉縄城址遺構群学術調査報告書　甦る！玉縄城七つの謎を解く』（玉縄城址まちづくり会議事務局、二〇一六年）

玉縄城址まちづくり会議編『玉縄城址遺構群学術調査報告書　鎌倉玉縄城の総構え』（玉縄城址まちづくり会議事務局、二〇一七年）
玉林美男「コラム　永福寺と鎌倉大仏」（五味文彦監修『武家の古都鎌倉の文化財』角川学芸出版、二〇一一年）
次田香澄『とはずがたり全註釈（上下）』（講談社学術文庫、一九八七年）
東勝寺跡発掘調査団『神奈川県鎌倉市東勝寺跡発掘調査報告書』（東勝寺跡発掘調査団、二〇〇〇年）
中澤克昭『中世の武力と城郭』（吉川弘文館、一九九九年）
永井　晋「『吾妻鏡』にみえる鶴岡八幡宮放生会」（『神道研究』一七二号、一九九八年）
永井　晋「中世都市鎌倉における密教の成立と展開」（『神奈川県立博物館研究報告人文科学』四四号、二〇一八年）
永井晋編『鎌倉僧歴事典』（八木書店、二〇二〇年）
長塚　孝「鎌倉御所に関する基礎的考察」（廣瀬良弘編『禅と地域社会』吉川弘文館、二〇〇九年）
七海雅人『鎌倉幕府御家人制の展開』（吉川弘文館、二〇〇一年）
並木真澄「中世武士社会における婚姻関係」（『学習院史学』一八号、一九八一年）
浪川幹夫「中世鎌倉の烈震と復興――鎌倉時代末期から戦国時代の地震災害と復興の姿」（『鎌倉』一一四号、二〇一三年）
西田友広「北条義時の『大倉亭』」（『鎌倉遺文研究』四六号、二〇二〇年）
新田一郎『太平記の時代』（講談社学術文庫、二〇〇九年）
貫　達人・川副武胤著『鎌倉廃寺事典』（有隣堂、一九八〇年）
沼間郷土史研究会編『沼間の歴史』（沼間郷土史研究会、一九八六年）
野口　実『坂東武士団の成立と展開』（弘生書院、一九八二年）
野口　実『鎌倉の豪族Ⅰ』（鎌倉春秋社、一九八三年）
野口　実『中世東国武士団の研究』（高科書店、一九九四年）
野口　実「伊豆北条氏の周辺」（『研究紀要』一九、京都女子大学宗教文化研究所、二〇〇〇年）
服部英雄『蒙古襲来』（山川出版社、二〇一四年）
服部英雄『蒙古襲来と神風』（中公新書、二〇一七年）

阪田雄一「中先代の乱と鎌倉将軍府」（佐藤博信編『関東足利氏と東国社会』岩田書院、二〇一二年）
廣瀬充『第九期大三輪龍彦研究基金研究報告　中世鎌倉における魚類の流通と消費』（特定非営利活動法人鎌倉考古学研究所刊、二〇二〇年）
福田徳三「日本経済史論」（福田徳三著『経済学全集三』同文社、一九二五年）
福田豊彦「室町幕府の御家人と御家人制」（御家人制研究会編『御家人制の研究』吉川弘文館、一九八一年）
福田豊彦「東北日本から見た鉄の生産」（『史学論集』第二七号、一九九七年）
福島金治「相模国渋谷庄と渋谷定心置文」（『綾瀬市史研究』創刊号、一九九四年）
藤原良章編『中世のみちを探る』（高志書院、二〇〇四年）
古田土俊一「鎌倉のやぐら」（高橋慎一朗編『鎌倉の歴史』高志書院、二〇一七年）
細川重男『鎌倉政権得宗専制論』（吉川弘文館、二〇〇〇年）
細川重男「飯沼大夫判官と両統迭立」（『白山史学』三八号、二〇〇二年）
細川重男『鎌倉北条氏の神話と歴史』（日本史史料研究会、二〇〇七年）
堀本一繁「『蒙古襲来絵詞』の復元にみる竹崎季長の移動経路」（『交通史研究』七八号、二〇一二年）
堀本一繁「竹崎季長の鎌倉行」（『日本歴史』八七二号、二〇二一年）
松吉大樹「鎌倉市今小路西遺跡出土の結番交名木札について」（『都市史研究』一、二〇一四年）
松吉大樹「無量寺谷　安達氏邸と持仏堂」（高橋慎一朗編『鎌倉の歴史　谷戸めぐりのススメ』高志書院、二〇一七年）
松尾　光「鎌倉出土の木簡と古代の糒」（『学習院女子短期大学大学紀要』二五、一九八八年）
松尾　光「御成木簡の解釈」（『神奈川地域史研究』九号、一九九〇年）
松尾剛次『中世都市鎌倉の風景』（吉川弘文館、一九九三年）
松尾剛司『鎌倉　古寺を歩く宗教都市の風景』（吉川弘文館、二〇〇五年）
松本寧至訳注『とはずがたり（上下）』（角川文庫、一九六八年）
真鍋淳哉『戦国江戸湾の海賊』（戎光祥出版、二〇一八年）

馬淵和雄『鎌倉大仏の中世史』（新人物往来社、一九九八年）
間宮光治『鎌倉鍛冶藻塩草』（私家判、一九八八年）
三浦勝男『鎌倉の史跡』（鎌倉春秋社、一九八三年）
源　豊宗「神護寺蔵伝隆信筆の画像についての疑」（『大和文華』一三号、一九五四年）
峰岸純夫「永仁元年関東大地震と平禅門の乱」（『中世災害戦乱の社会史』吉川弘文館、二〇〇一年）
宮島新一『肖像画の視線』（吉川弘文館、一九九五年）
三山　進『太平寺滅亡』（有隣堂、一九七九年）
村井康彦『藤原定家『明月記』の世界』（岩波新書、二〇二〇年）
村山修一『日本陰陽道史総説』（塙書房、一九八一年）
村田正志「中世の古文書」（村田正志『村田正志著作集六』、一九八五年）
桃崎有一郎「初期室町幕府の執政と『武家探題』鎌倉殿の成立」（『古文書研究』第六八号、二〇一〇年）
百瀬今朝雄他「東京大学文学部所蔵相模文書」（『神奈川県史研究』、一九六八年）
森　茂暁『鎌倉時代の朝幕関係』（思文閣出版、一九九一年）
森　茂暁『皇子たちの南北朝』（中公新書、一九八八年）
森　茂暁『後醍醐天皇』（中公新書、二〇〇〇年）
安田元久『日本封建制の基礎研究』（山川出版社、一九七六年）
山村亜希『中世都市の空間構造』（吉川弘文館、二〇〇九年）
山本みなみ「北条時政とその娘たち」（『鎌倉』一一五号、二〇一三年）
湯浅治久『中世東国の地域社会史』（岩田書院、二〇〇五年）
湯山　学『三浦氏後北条氏の研究　湯山学中世史論集二』（岩田書院、二〇〇九年）
湯山　学「北条貞時の思人播磨局浄泉」（『相模国の中世史　増補版』岩田書院、二〇一三年）
湯山　学『北条氏綱と戦国関東争奪戦』（戎光祥出版、二〇一六年）

米倉迪夫『源頼朝像　沈黙の肖像画　絵は語る4』（平凡社、一九九五年）
米倉迪夫「伝源頼朝像再論」（黒田日出男編『肖像画を読む』角川書店、一九九八年）
李家正文『厠まんだら』（雪華社、一九六一年）
歴史科学協議会編「特集　女房イメージをひろげる」（『歴史評論』八五〇号、二〇二一年）
渡辺世祐『関東中心足利時代之研究』（雄山閣、一九二六年）

【著者略歴】

伊藤一美（いとう・かずみ）

1948 年、東京都生まれ。

学習院大学大学院博士課程中途退学。

現在、逗子市・藤沢市・葉山町文化財保護委員、ＮＰＯ法人鎌倉考古学研究所理事、日本獣医史学会理事、日本城郭史学会理事などを務める。

著書に、『武蔵武士団の一様態―武蔵安保氏の研究』（文献出版、1981 年）、『戦国時代の藤沢』（名著出版、1983 年）、『都市周縁の地域史―逗子の 1500 年』（第一法規出版、1990 年）、『建治三年記註釈』（文献出版、1999 年）、『藤沢市ブックレット 大庭御厨に生きる人々』（藤沢市文書館、2014 年）、『藤沢市ブックレット 江の島、神の島から人の島へ』（藤沢市文書館、2019 年）など多数。

装丁：堀 立明

新知見《しんちけん》！ 武士《ぶし》の都《みやこ》
鎌倉《かまくら》の謎《なぞ》を解《と》く

二〇二一年十二月一日　初版初刷発行

著　者　伊藤一美
発行者　伊藤光祥
発行所　戎光祥出版株式会社
東京都千代田区麹町一―七
相互半蔵門ビル八階
電　話　〇三―五二七五―三三六一㈹
ＦＡＸ　〇三―五二七五―三三六五
印刷・製本　モリモト印刷株式会社

https://www.ebisukosyo.co.jp
info@ebisukosyo.co.jp

ISBN978-4-86403-406-7